SEMINÁRIOS
Colette Soler

Homens,
Mulheres

© 2019 Aller Editora
Título original: *Des hommes, des femmes*
Collège clinique de Paris (2017-2018) / Collection Études
Éditions du Champ Lacanien, 2018

Editora	Fernanda Zacharewicz
Conselho editorial	Andréa Brunetto — Escola de Psicanálise dos Fóruns do Campo Lacaniano
	Beatriz Santos — Université Paris Diderot — Paris 7
	Jean-Michel Vives — Université Côte d'Azur
	Lia Carneiro Silveira — Universidade Estadual do Ceará
	Luis Izcovich — École de Psychanalyse des Forums du Champ Lacanien
Tradução	Jairo Gerbase
Revisão	Fernanda Zacharewicz, Gláucia Nagem, Pedro Nagem e André Luiz dos Santos Rodrigues
Capa	Rubens Lima
Diagramação	Sonia Peticov

Primeira edição: outubro de 2019
Segunda impressão: maio de 2020
Terceira impressão: junho de 2021

Dados Internacionais de Catalogação na Publicação (CIP)
Ficha catalográfica elaborada por Angélica Ilacqua CRB-8/7057

S672h

    Soler, Colette, 1937-
Homens, mulheres : Seminário 2014-2015 / Colette Soler; tradução de Jairo Gerbase. — São Paulo: Aller, 2020.
    232 p.

    ISBN: 978-85-94347-19-0
    ISBN: 978-65-87399-00-3 (livro digital)
    Título original: *Des hommes, des femmes*

    1. Sexo — Psicanálise 2. Diferenças (Psicologia I. Título II. Gerbase, Jairo

19-2079
                                         CDD 155.3
                                         CDU 159.922.1

Índice para catálogo sistemático
Sexo: Psicanálise

Este livro foi impresso em junho de 2021 pela Forma
Certa para Aller Editora. A fonte usada no miolo é
Petersburg corpo 11. O papel do miolo é Offset 90 g/m²

Publicado com a devida autorização e com
todos os direitos reservados por

ALLER EDITORA
Rua Wanderley, 700
São Paulo—SP, CEP: 05011-001
Tel: (11) 93015.0106
contato@allereditora.com.br
Facebook: Aller Editora

Sumário

Prefácio	5
UM 15 de novembro de 2017	**19**
Introdução	19
O mal-estar	21
O sexo e os discursos	24
A anatomia, destino?	31
DOIS 6 de dezembro de 2017	**38**
A significância da anatomia	38
O caso da relação ao sexo	43
A função segundo os discursos	47
TRÊS 20 de dezembro de 2017	**56**
O *a priori* fálico	56
O significante do discurso analítico	61
O próprio do discurso analítico	65
QUATRO 10 de janeiro de 2018	**75**
As mulheres civilizadas?	76
Consistência ou não	80
No discurso	83
O interesse das mulheres?	88
CINCO 24 de janeiro de 2018	**95**
O sexo no Campo lacaniano	96
O real da lógica	97

O dizer da psicanálise	101
A política	102

SEIS   **7 de fevereiro de 2018**   **109**

"Varidade" dos gozos	109
O casal de suplência .	117
Dissimetria	117

SETE   **7 de março de 2018**   **126**

A causa a-sexuada	126
Lacan, antes	131

OITO   **21 de março de 2018**   **140**

O alcance sexual da exceção	143
Uma escolha?	148
Não sem o dizer	152

NOVE   **4 de abril de 2018**   **158**

A opção do dizer	158
O Pai nem *a priori* nem *a posteriori*	161
A̶ Mulher	165
A exclusão das mulheres	170

DEZ   **2 de maio de 2018**   **176**

A exclusão do Outro	176
O acesso ao Outro	180
E a poesia?	185

ONZE   **16 de maio de 2018**   **193**

A in-fixão da poesia	194
O inconsciente próprio dela	197
A relação ao S(A̶)	202

DOZE   **30 de maio de 2018**   **212**

Mística e psicose	213
Os gozos de Deus	216
A *nãotoda* na civilização	222
E hoje?	228

Prefácio

Os costumes sexuais mudaram muito. Basta dizer que, até 1980, a homossexualidade estava classificada no DSM como uma doença. Antes mesmo do movimento LGBTQ+, os homossexuais exigiram os mesmos direitos dos heterossexuais. A homossexualidade deixou de ser patologia. Hoje se perguntaria aos heterossexuais o mesmo que se perguntava aos homossexuais: por que você fez uma escolha heterossexual?

Diante desse avanço dos costumes sexuais, a psicanálise ficou um tanto perplexa. O direito tem acompanhado mais de perto o avanço da sociedade. Há exceções, como no caso do aborto, em que a sociedade reivindica a legalização, mas o direito ainda resiste devido às pressões de alguns discursos. Esse tema — homens, mulheres — é, portanto, difícil de tratar diante de tamanha evolução, revolução dos costumes.

Creio que, por isso, o texto da autora que ora prefaciamos tornou-se demasiado denso. Há algum tempo eu trabalho com a ideia de que a psicanálise não tem nada a ver com o sexo, não é uma sexologia. A autora parece concordar e prefere dizer que a psicanálise é uma erotologia. O assunto é embaraçoso. Tratá-lo do ponto de vista da ciência é mais fácil, pois tem-se as diferenças anatômicas, um corpo de homem, um corpo de mulher iguaizinhos em quase todos os aparelhos, exceto no reprodutor — aparelho reprodutor masculino diferente do aparelho reprodutor feminino. Assim, a partir da anatomia pode-se dizer: "Esse corpo é de homem, esse outro corpo é de mulher".

Além disso, é possível distinguir o corpo de um homem do corpo de uma mulher a partir dos hábitos, dos cabelos, das roupas, da maquiagem, dos costumes que podem mudar e até vêm mudando na sociedade contemporânea. Agora, quando se trata de nossa disciplina, a psicanálise, a disciplina que parte desse lugar chamado por Freud de inconsciente, não há diferença anatômica. Logo, não há diferença de gênero, não há masculino e feminino. Lá, no lugar do Outro, a anatomia não é o destino. Então, que parâmetros devemos usar na diferenciação dos sexos para dizer: "Este é masculino, esta é feminina"?

A autora se propõe a fazer uma clínica analítica da diferença dos sexos. A dificuldade já começa aí: a rigor, o homem e a mulher não são tipos clínicos. Esses tipos são a histeria, a obsessão, a fobia, a paranoia. Querer tratar o homem e a mulher como tipos clínicos é uma novidade. Por isso, ela diz que esse é um tema tão apaixonante e tão antigo quanto a psicanálise. Ele é coextensivo à descoberta freudiana e, ao mesmo tempo, muito atual, porque desde a origem da psicanálise até os dias de hoje fatos novos apareceram na civilização. Esses fatos novos nos obrigam a repensar as hipóteses psicanalíticas de Freud e Lacan.

Freud assentou o edifício psicanalítico sobre dois pilares: o primeiro é o inconsciente, que a ciência não aceita até hoje. Eu tenho dado o exemplo das doenças autoimunes, nas quais o sistema imunológico está tratando o próprio organismo como um corpo estranho. Não há outra causa.

PREFÁCIO

Bastava aceitar a hipótese do inconsciente e a ciência teria encontrado a origem desses sintomas. O segundo pilar, o da sexualidade infantil, foi ainda menos aceito. Gerou de imediato uma resistência da parte de Jung dizer que a consistência da pulsão é sexual. Para estabelecer a diferença entre homens e mulheres, a autora vai girar muitas vezes sobre esse ponto.

Mas a verdadeira subversão freudiana ficou um pouco mascarada. A descoberta de que há pensamento sem pensador, saber sem sabedor, nomeado por Freud como "inconsciente", revolucionou a concepção do sujeito clássico da filosofia. Kant dizia que o "eu penso" deve acompanhar todas as minhas representações. Vem Freud e diz: "Isso pensa." Há pensamentos que funcionam sem o "eu penso" e, dessa maneira, funda-se uma nova metodologia a partir do fato de que há pensamentos que penso sem saber que penso. Hoje a terapia cognitiva com base no argumento da evidência se opõe à psicanálise.

Ora, resgatou-se um termo da metodologia de Descartes. Critica-se na psicanálise a falta de evidência exatamente porque ela postula que há pensamentos que eu não penso que pensei, há saber que eu não sabia que sabia. Porém, diz a autora, a "desnormatização" do sexo não encontra mais limites, a não ser em relação ao incesto e à pedofilia. Os demais costumes sexuais estão liberalizados. A psicanálise lida com esse mal-estar em um ambiente reservado, ouvindo narrativas de homens e mulheres pelas quais se diz que a coisa não anda bem entre homens e mulheres, como se pode notar nos casos extremos de ódio e violência, chegando frequentemente ao feminicídio.

Mas o que afirma a psicanálise é que esse desencontro é devido ao encontro faltoso com o sexo. Ao contrário da ciência, que tem na anatomia o referente que lhe permite diferenciar um homem de uma mulher, a psicanálise precisou inventar uma teoria sobre o que é um homem e uma mulher. Seu primeiro passo foi dizer que há uma falta, que o encontro entre um homem e uma mulher nunca é possível porque tal encontro é faltoso. Há três dimensões dessa falta: amor, desejo e gozo. A dimensão do amor vai de sujeito a sujeito; a dimensão do desejo visa de preferência o corpo; e a dimensão do gozo — incalculável e que pode existir sem o amor e o desejo — visa o objeto, o qual é responsabilizado pelo encontro faltoso.

Tudo isso é colocado aí para tentar diferenciar a psicanálise da sexologia — de que maneira a psicanálise vai falar do sexo, do homem e da mulher diferentemente da sexologia. Para estabelecer essa diferença, desenvolveu-se o conceito de gozo, e aí houve a repartição do conceito de gozo, a princípio, entre um gozo masculino e um gozo feminino. Assim como a ciência diz que há um corpo masculino e um corpo feminino e os diferencia a partir do aparelho reprodutor, a psicanálise diz que há um gozo masculino e um gozo feminino, e chama o gozo masculino de fálico e o feminino, de outro gozo. E é preciso logo acrescentar: as mulheres também são inscritas no gozo fálico — ou, para ser mais preciso, na função fálica.

A coisa se complica ainda mais quando buscamos o referente do gozo fálico. Freud responde que é o pênis. Mais de cem anos depois, é complicado sustentar que é a isso que se refere o gozo fálico. Freud começa por dizer que a libido é masculina; depois, que o inconsciente não conhece gênero, mas o referente do gozo continua no pênis. Lacan tenta dar um passo em direção à lógica chamando esses gozos respectivamente de todo, o que se pode escrever, e nãotodo,

PREFÁCIO

passando assim da teoria da sexualidade de Freud às suas fórmulas da sexuação. Mas aí, novamente, as mulheres se inscrevem na função fálica.

Todavia, Lacan segue adiante ao afirmar que o que Freud quis dizer é que no inconsciente só se inscreve um gozo. No conjunto dos homens, um gozo pode se escrever; já o conjunto das mulheres é um conjunto vazio, sem elementos, então, não pode haver relação biunívoca entre esses dois conjuntos. A partir daí passou a postular seu aforismo: "não há relação sexual", em lugar da referência ao pênis. Seria preferível dizer que não há relação, posto que o que queremos explicar são as formações do inconsciente e, em especial, o sintoma. Podíamos inscrever o enunciado: não há relação entre as proposições lógico-formais de Aristóteles, o princípio do terceiro excluído e o princípio da não contradição e, assim, diferenciar ainda mais a lógica da sexuação da sexualidade.

Freud já havia tomado tal referência ao afirmar que o inconsciente não obedece ao princípio da não contradição. Donde não me parece absurdo tratar o enunciado como: "Não há relação como um princípio lógico". Tratando do enunciado "não há relação como um postulado lógico", posso prescindir dos valores lógicos V e F, Verdadeiro e Falso, e passar a utilizar o binário R e S, Real e Semblante, porque posso abordar a realidade com outros aparelhos que permitam dizer o gozo impossível de dizer. Posso abordar a realidade com o objeto olhar, a imagem, com o objeto voz, o significante, isto é, com a fala e, por fim, com o sintoma. Na verdade, trata-se de abordar o Real, de fazer o Real falar do gozo que não se pode ou não se sabe dizer, escrever. À dimensão do olhar chamamos Imaginário, à dimensão da voz chamamos Simbólico.

Estou caminhando na direção de demonstrar que é possível falar de uma clínica diferencial do homem e da mulher por intermédio dos registros do Real, do Simbólico, do Imaginário e do Sintoma. Especialmente por intermédio do sintoma, é possível escrever o outro gozo, o gozo que não se pode escrever, o que se deduz do enunciado "não há relação sexual a não ser no sintoma". A autora dedica cada capítulo do livro a tratar um desses assuntos, tomando sempre como ponto de partida que há uma falta central que escrevemos com o matema S($\mathbb{A}$) e que se enuncia como falta de um significante no Outro. É melhor dizer que há uma falta central para nomear um gozo que não se escreve do que chamar isso de gozo feminino.

A frase de Lacan afirma haver uma falta central inscrita no coração da sexualidade humana. Na verdade, estamos trabalhando em dois níveis: no nível do sexo, da relação de dois corpos, do corpo de um homem e do corpo de uma mulher, por exemplo, que condiciona a reprodução; e no nível da não relação, que diz respeito a essa falta central. A ciência não apreendeu bem a ideia de que o que caracteriza o homem é ser falante. E a psicanálise é uma teoria assentada sobre esse recurso. A ciência parte da ideia de que, no universo simbólico, no universo do ser falante, pode-se dizer tudo. A psicanálise, ao contrário, parte da ideia de que isso é impossível. A teoria foi elaborando passo a passo diversos binários para dar conta dessa impossibilidade real: masculino-feminino, ativo-passivo, sádico-masoquista, fálico-não fálico, todo-não todo e, por fim, zhomem-paratodohomem. O que diferencia os dias de Freud dos nossos dias é que não há mais repressão sexual. Aí, é preciso rever a hipótese, verificar de onde parte o que faz obstáculo ao gozo e que condiciona o sintoma, distinguir o que é histórico do que é estrutural.

PREFÁCIO

O primeiro depende da evolução dos laços sociais; o segundo depende da linguagem.

Uma das perguntas que a autora se faz neste trabalho é até que ponto as mudanças históricas, até que ponto os discursos são capazes de alterar a estrutura, a estrutura que é de linguagem. Então, fazer a clínica diferencial dos sexos, tomar homem e mulher como tipos clínicos, implica passar primeiramente por essa discussão. Os costumes mudaram os discursos. Hoje o transexualismo adquiriu *status* de cidadania. Outrora Freud o utilizou para conceber o conceito de emasculação da paranoia, que Lacan traduziu por empuxo-à-mulher — seria belo ser uma mulher no ato da cópula —, de acordo com a fantasia do Presidente Schreber. A ideia de redesignação de um corpo já foi considerada altamente patogênica, mas hoje é consentida. A pergunta é se essas mudanças nos discursos afetam a estrutura de linguagem. A tendência da autora é responder que não. Ela diz que o sexo não é do real, mas uma realidade discursiva, um produto que afeta os laços sociais. O que é discursivo é histórico.

Lacan, em "O aturdito", criou bípode, o binário que serve de referência principal para a autora neste trabalho e a este confere densidade. Nesse texto, Lacan continua trabalhando com as fórmulas da sexuação — todo sujeito se inscreve na função fálica —, dando continuidade ao que desenvolveu no Seminário "*Mais, ainda*" — não todo sujeito se inscreve na função fálica —, e voltamos ao impasse. Dito de outra maneira, o referente do sexo é o pênis. O menino tem angústia de perdê-lo, é assim que se dissolve seu complexo de Édipo; a menina tem inveja de não tê-lo, é assim que se inaugura seu complexo de Édipo. Para sair do impasse, queria propor que o referente da sexualidade é o significante mestre, S_1. Em lugar do falo, primeiramente escrito como menos phi minúscula, $-\phi$, o falo Imaginário, e depois escrito como phi maiúscula, Φ, o falo simbólico, significante do gozo fálico, segundo a autora, a parte não negativada pelo significante, definição nova e bem precisa.

Ao dizer que o referente do gozo sexual é o S_1, estaríamos partindo de um *a priori* que assim se define: há alguma coisa no falasser que vem antes do sexo, que é o dizer. A primeira pergunta que se faz quando um ser humano nasce é: menino ou menina? É um dizer que antecede qualquer experiência de sexo do ser falante. É um dizer do Outro. É um dizer *a priori*, não depende da experiência. Depois vamos chamar de *a posteriori* o que depende dos discursos, da história, o que foi experienciado. Partamos desse *a priori*: até mesmo antes de nascer desejamos menino ou menina. Eu gostaria, então, de desenvolver uma teoria sobre a sexualidade em psicanálise que dependesse do dizer, por isso tomaria como referente o significante, e não o pênis.

A autora me induz a dizer essas coisas. Ela se pergunta: por que Lacan diz que o falo é o significante do discurso do analista se o semblante desse discurso é o objeto *a*? E responde: talvez possamos escrever o Φ e o S_1 no lugar da produção nesse discurso. Então, se partimos do dizer *a priori* do Outro que encarnamos nos outros imaginários, para além da sexagem e do ultrasom, vão nisso também os desejos, demandas, narcisismos dos pais, etc., e é possível que o dizer do Outro se indetermine, interfira na orientação sexual do falasser, posto que desde muito cedo esta orientação está dada. A autora informa que, na Espanha, uma criança de dois anos pediu a seus pais para redesignar seu sexo. Embora o Direito e a Medicina acompanhem mais de perto essas mudanças nos costumes, nos laços sociais, nos discursos, os psicanalistas estão preparados para receber sujeitos com discursos ou costumes sexuais contemporâneos sem patologizá-los.

Agora, a anatomia também flutua na história. Antes da psicanálise dizia-se: "A anatomia é o destino." Graças à psicanálise, dizemos que a anatomia não é o destino. Também graças à cirurgia, que pode suprimir ou enxertar um pênis, embora, quando alguém redesigna seu sexo, esteja em jogo algo mais além da anatomia, o gozo. Trata-se de mudar de subjetividade. Sou um sujeito masculino, mas quero tornar-me um sujeito feminino ou neutro, nem um nem outro. Talvez seja preciso apreender melhor o conceito de performatividade de modo a conceber o dizer como ato.

O passo seguinte é explicar como, na teoria analítica, o pênis passa de órgão anatômico a significante. Chamamos significantização da anatomia o fato de que o órgão pênis funciona como um significante. Desde que Freud colocou a questão de que a libido é masculina e que seu referente é o pênis, não houve outra saída senão tentar metaforizar a presença desse órgão que ele diz, repito, que causa angústia no menino e inveja na menina. A tentativa de Lacan foi a de transformar o pênis em um significante. A binaridade homem/mulher contemporaneamente é contestada pelos LGBTQ+ e seu novo direito de cidadania. A objeção ao discurso do mestre é evidente. Resta saber se a objeção se aplica ao discurso do analista que desde Freud faz do falo o determinante dessa binaridade.

A referência ao falo é posta em questão com os novos fatos da sociedade? Essa é a questão crucial para nosso tempo, para nosso campo lacaniano, campo psicanalítico que pretende estar à altura de sua época. A referência ao falo é, de uma só vez, histórica e estrutural. Freud começou do lado masculino e, em seguida, aplicou às mulheres. No ponto em que estamos, seria preciso desvincular o gozo feminino do masculino ou falar de um só gozo sexual. Não vale, para o saber inconsciente, essa repartição homem/mulher. Embora hajam dois corpos diferenciados do ponto de vista anatômico, não há mais que um gozo para ambos os corpos. Ou, ao contrário, podemos dizer que há uma diversidade de gozos: fálico, do Outro, do sentido, do mais-de-gozar, do sintoma, de preferência ao binário gozo fálico e outro gozo. Correspondentemente à repartição homem/mulher que podemos fazer a partir da anatomia, temos em psicanálise dois gozos: o gozo fálico e o outro gozo, o gozo masculino e o gozo feminino, o gozo todo e o gozo nãotodo. É preciso sair desses binários. Há uma diversidade de gozos. Neles se inscrevem ambos os sexos anatômicos.

Voltemos à pergunta: como um órgão torna-se significante? Foi preciso que Lacan tratasse a resposta não no nível biológico, mas simbólico. Ele atravessou da fórmula freudiana "um tem, o outro não tem" à sua fórmula "um tem, o outro é". Dito de outro modo, o que não tem é. A diferença anatômica dos sexos não precisa ser vista; ela pode ser intuída ou deduzida. Essa ideia é aplicada à paranoia de Schreber na fórmula: por não poder ser o falo que falta à mãe, resta a Schreber ser a mulher que falta ao homem. Daí ele desenvolve a ficção, o delírio de que tem uma missão de fundar uma nova raça, uma nova humanidade.

A paranoia é um dos exemplos do que quer dizer ser o falo. Porque não posso escrever os dois gozos, digo "não há relação sexual". Lacan chama dizer sexuante *a priori* de função fálica. Antes de qualquer experiência com o sexo, já se nomeia homem e mulher, menino e menina. A autora parte de Freud, que descobriu que a relação dos sujeitos ao sexo se instala pelo significante do falo e que não resta dúvida de que eles se modulam entre angústia e inveja. Também é ele que atribui sentido sexual a todos os ditos dos analisandos, conforme a conferência "O sentido do sintoma". Já Lacan sustenta a estrutura de linguagem em sua articulação com o que não é linguagem, o corpo e seu gozo.

Não aprecio tanto essa repartição que temos, corpo e linguagem. A linguagem é imanente ao corpo. Falar é igual a respirar. Buscamos no ambiente automaticamente o oxigênio. Igualmente buscamos no ambiente automaticamente os significantes. O corpo e seu gozo são sensíveis aos significantes. O significante se articula ao significante, e assim temos um saber. O inconsciente é o lugar de um saber. Não é mais o lugar de um sujeito. Aqui teremos uma definição da castração muito avançada, que é: a castração é o fato de que não se pode tomar juntos todos os significantes. Mas, ainda assim, quem conhece o conceito de real de Lacan não precisa fazer uso do conceito de castração de Freud. O conceito de real quer dizer: há um limite para o dizer, há coisas que não se pode dizer. Chamar a castração de real permite articular a psicanálise de modo a fazê-la acompanhar o nosso tempo, articular o imaginário, o simbólico, o real e o sintoma, apreender a realidade através da imagem, da palavra, do sintoma, o que é uma boa nova. Trata o sintoma não mais como patologia, mas como instrumento de abordagem da realidade, tudo isso para tentar dizer um pouco mais o impossível de dizer, o real.

Então, tratemos a castração como impossível de dizer, o impossível de reunir todos os significantes. Isso ajuda a tratar a psicanálise fora desse binário falo/não falo. Às vezes, devaneio que, se Lacan conhecesse a língua portuguesa, teria destacado que falo é uma mesma palavra para se referir ao falo e à fala, como se referiu em um editorial da *Newsletter of the Freudian field*. O sujeito se estrutura quando aprende a falar, quando aprende a ler e a escrever. Quando conhece o gozo do corpo do outro. A psiquiatria chama esses momentos de efetuação da estrutura de antecedentes fisiológicos. A psicanálise freudiana os chama, grosso modo, de fases do desenvolvimento da libido. Uma vez chamei esses momentos de ecos d'alíngua. São as experiências chamadas de castração. Poderíamos passar a chamá-las de experiências do real. Podemos construir, portanto, uma teoria psicanalítica sustentada estritamente na linguagem. Podemos fazer nascer um sujeito baseado em sua relação com o significante. Por isso, não separo o significante do corpo e seu gozo.

A teoria chama de encontro com o outro sexo o terceiro momento de efetuação da estrutura; mas preferimos chamar de encontro com o outro corpo, porque esse encontro pode ser o encontro com um corpo do mesmo sexo — encontro homo, não hétero —, pois, de modo contrário, a estrutura seria heteronormativa. Não se sustenta mais. Não há nada mais que indique que a escolha heterossexual seja a norma. Freud conclui sua obra no texto "A feminilidade" dizendo que "um homem na trintena nos parece um indivíduo juvenil, de preferência inacabado, do qual esperamos que utilize vigorosamente as possibilidades de desenvolvimento que a análise lhe abre. Por outro lado, uma mulher na mesma idade nos assusta frequentemente por sua rigidez psíquica e sua imutabilidade. Sua libido tomou posições definitivas e parece incapaz de abandoná-las por outras. Não há caminho em direção a um movimento interior. Como se o difícil desenvolvimento rumo à feminilidade tivesse esgotado as possibilidades da pessoa." Estamos aí, diz a autora, na verdadeira clínica diferencial, aquela que Freud começou a construir estudando as mulheres de sua época. Podemos perguntar: é preconceito de Freud, ou marca de um tempo em que as mulheres não se realizavam senão no quadro da família, da relação com o homem e as crianças? É nesse mesmo artigo que Freud vai afirmar que só existe uma libido, que está a serviço tanto da função sexual masculina quanto da feminina. Pois bem, o assunto do livro não se esgota aqui. Há muitos outros pontos teóricos que a autora elabora, terminando com o gozo dos místicos.

JAIRO GERBASE[1]
Salvador, maio de 2019.

---

[1]Psiquiatra, psicanalista, Analista Membro da Escola (AME) da Escola de Psicanálise dos Fóruns do Campo Lacaniano (EPFCL) e membro da Associação Científica do Campo Psicanalítico.

UM

15 de novembro de 2017

Introdução

Clínica analítica da diferença dos sexos. É um tema apaixonante, tão antigo quanto a psicanálise. Ele é coextensivo à descoberta do inconsciente e, ao mesmo tempo, muito atual pelo fato de que, desde a origem freudiana, novos fatos da ciência apareceram em nossa civilização. Eu me proponho, portanto, a colocar nesta introdução algumas considerações da época, não esquecendo que o psicanalista deve saber, segundo Lacan, "a espiral à qual o arrasta sua época"[1]. Esta atualidade é, para nós, um desafio. Com efeito, entramos na questão armados de um século de grandes desenvolvimentos canônicos de Freud e de Lacan, e essa atualidade deveria nos obrigar a interrogá-los e a confrontá-los com as evoluções dos laços sociais.

Esse tema nos reconduz ao que, no pensamento de Freud, exasperou muito seus contemporâneos, a saber: essa junção do inconsciente e do sexual tão fortemente afirmada por ele, avesso e contra tudo e, em particular, apesar de Jung. Esta foi a primeira pedra de tropeço para a *doxa* de sua época.

---

[1]LACAN, J. (1953) "Função e campo da fala e da linguagem em psicanálise". In: *Escritos*. Rio de Janeiro: Jorge Zahar, 1998, p.322.

Ao mesmo tempo, aliás, a verdadeira subversão freudiana ficou um pouco mascarada: foi aquela da descoberta desse pensamento sem pensador, desse saber sem sabedor, ao qual ele deu o nome de "inconsciente" e que revolucionou a concepção de sujeito clássico da filosofia, suposto mestre em sua habitação. Lembremo-nos de Immanuel Kant: "O *eu penso* deve poder acompanhar todas as minhas representações". Pois não, desde Freud, "Isso pensa", há pensamentos que funcionam sem o "eu penso".

Hoje voltamos ao primeiro escândalo histórico do sexo, porém num tempo em que os costumes são, como a economia, liberalizados a ponto de a sexualidade parecer se prestar mais à publicidade que ao escândalo. A desnormatização do sexo que eu evoco vai longe e não encontra mais limite, a não ser na reprovação que ainda marca o incesto e a pedofilia. É notório que o incesto, depois de ter sido tolerado durante séculos e até aceito em um silêncio tranquilo, apesar do interdito, comove doravante até à indignação o que resta de consciência moral dos sujeitos contemporâneos. Seguramente um sinal de deslocamento daquilo que caminha no que Lacan chamava de "as profundezas do gosto". Para o resto, tudo é permitido nos limites do consentimento. Em compensação, que o homem orgânico — o homem governado pela máquina orgânica que os progressos da biologia nos prometem — possa ser habitado por esse anfitrião êxtimo que é o inconsciente permanece hoje inaceitável. É como uma pedra no sapato para uma época em que se sonha erradicar a irredutível opção moral que ele implica. Sabe-se quão numerosos são aqueles que se ativam para jogar fora essa pedra, dissolvê-la, mas ela se mostra bem resistente; a exacerbação dos ódios que ela suscita atesta isso.

O mal-estar

Se há alguma coisa que a psicanálise pode dizer pessoalmente é, com segurança, esta questão da sexualidade e das diferenças entre homens e mulheres, posto que o dispositivo freudiano é o único, digo claramente o único, que permite recolher testemunhos verídicos, recolher o que os homens e as mulheres podem formular de si mesmos no quadro inventado por Freud. Nada de público nesse quadro — nada a ver com as entrevistas ou os divãs da televisão e do cinema — e as censuras sociais diversas aí estão suspensas — se ao menos estiver garantido o que Freud nomeou "neutralidade benevolente" do analista.

A primeira coisa que se escuta nesse dispositivo é que entre os homens e as mulheres a coisa não funciona, como se diz. O que não quer dizer também que as relações do homem com o homem e da mulher com a mulher funcionem, aliás. Eles se entendem tão pouco que com frequência são reduzidos a se ouvir... gritar, quando não é bater. Mas vocês me dirão: não há casais tranquilos, e mesmo alguns que atravessam o tempo, bodas de prata, bodas de ouro, filhos, netos e doces etc? Sim, mas não confundamos a economia da casa, o hábito, o *ethos* — que não é o *ῆthos*, a ética — que alguns amam e buscam a temperança, enquanto outros abominam, fogem nos extremos, não as confundamos, portanto, com o que seria o encontro faltoso com o sexo. Freud descobriu que o amor pode estar aí entre os sexos, é claro, mas sem que o desejo aí esteja; ou o inverso, quando o desejo aí estaria, mas sem o amor, depreciação, no caso. Quanto ao gozo incalculável, quando se está obcecado, dispensa-se facilmente o amor, pode até acontecer sem o desejo, e agora se sabe que não é a sexologia que vai atá-lo a essas duas outras dimensões essenciais do que a psicanálise nomeou "a relação de objeto", que inclui o amor que vai de sujeito a sujeito e o desejo que visa mais o corpo que o sujeito.

Essa fragmentação dos três registros, amor, desejo e gozo, põe em questão a existência do que seria uma pulsão genital, isto é, uma atração libidinal automática entre homem e mulher. Isso não começa com Freud, sem dúvida, mas ele pôde fazer disso ato em seu dispositivo.

É a "falta central", diz Lacan, inscrita no coração da sexualidade humana.

Todavia ela condiciona a reprodução, e por isso não existe sociedade que não tenha organizada a relação entre os sexos.

Foi por isso que Lacan denunciou a noção de "oblatividade genital", uma denegação maciça produzida na IPA *ao contrário de* tudo o que Freud tinha articulado.

Sobre essa base, coloca-se a questão da clínica diferencial, posto que, mesmo que não haja relação inscritível entre os sexos, cada sujeito tem uma relação ao sexo. Essa tese implica a distinção da subjetividade e do sexo: amor, e mesmo desejo, são afetos da subjetividade, estreitamente ligados à fala; e gozo, que concerne à substância do corpo, é outra coisa. Seria necessário, portanto, se interrogar sobre a repercussão subjetiva do sexo sobre as subjetividades segundo se trate de homem ou mulher. Isso implica o conjunto dos laços sociais, e mesmo eminentemente o laço analítico. Há uma clínica diferencial dos analisandos, segundo os sexos, sem falar mesmo dos analistas? Grande questão.

Evidentemente, a constatação não tem nada de satisfatório, e tanto menos pelo fato de nossa civilização, com suas raízes cristãs bem efetivas, ter feito do amor um valor. Mais que um simples valor, aliás, pois o amor é tão estreitamente ligado à fala que ela o faz passar à realidade. Lacan pôde lembrar a fala de tal moralista, dizendo que aquele que não teria jamais ouvido falar do amor não poderia ser amoroso, para marcar até que ponto o amor é um dizer, uma realidade cultural. Ama-se o amor, canta-se ainda canções de amor, romances de amor bem propícios a amordaçar a fala de verdade. Com efeito, esta, a fala de verdade, ignora o encantamento; ela se introduz sempre como uma queixa que acusa ou que deplora simplesmente, mas que sempre designa uma falta. Tal é a constatação, mas não basta fazer uma constatação, ainda é preciso ir à causa que funda isso que parece lá se impor como um destino de desarmonia mais ou menos gritante, mais ou menos recoberto pelos arranjos dos laços sociais segundo as épocas, mas, em verdade, sempre presente.

Freud postulou, em primeiro lugar, que era preciso incriminar a repressão social sobre o sexo, sua relegação no secreto das intimidades envergonhadas, a censura sobre os prazeres da carne e o fardo das normas sediadas que oprimiam e afligiam os indivíduos de sua época. Tudo isso não existe mais, uma revolução extraordinária se produziu em um século, não há mais segredo, não há mais vergonha dos pecados da carne, as normas fracassaram e, inclusive, se inverteram, por exemplo, nas palavras de ordem "gozar sem restrições", mas o problema permanece. É necessário, portanto, rever a hipótese. Freud mesmo percebeu e acabou por dizer, em seu "Mal-estar na civilização", que talvez exista alguma coisa na própria pulsão sexual que faz obstáculo à plena satisfação, independentemente das conjunturas históricas dos laços sociais. Lacan, em seu seminário *A ética da psicanálise*, marcava que quem quer avançar no campo do gozo encontra barreiras. A constatação atravessa a história. Ainda é preciso ir à causa, e se ela não é histórica, ou seja,

HOMENS, MULHERES

relativa aos arranjos dos laços sociais, então ela é estrutural, ligada ao fato de que toda experiência humana está estruturada pela linguagem, pelo fato de ser falante, e que ela cai, portanto, sob o golpe do que Lacan nomeia "o efeito de linguagem", que é primeiro em relação ao efeito de discurso. Há, pois, dois níveis. Lacan chama duas "diz-mensões"[2] da causa estrutural: uma atinge o simples fato de linguagem e não é histórica; a outra atinge a ordem dos laços sociais que flutua na história. Ele escreve diz-mensão (diz, traço, menção) justamente para fazer aparecer na escrita gráfica uma causalidade linguageira própria ao ser falante. Para fazer a clínica dos sexos, das diferenças homem-mulher, seria preciso, portanto, perguntar para uns e para outros se esse duplo efeito difere.

O sexo e os discursos

Detenho-me um momento na expressão "clínica diferencial dos sexos" que propus. Constatei que ela agrada muito, imagino que é porque cada um se sente concernido, mas me pergunto, no entanto, se ela é válida e até onde. Minha questão não depende de um excesso de escrúpulo ou de uma sutileza linguística. Eu a coloco porque as palavras fazem as coisas segundo nossa orientação lacaniana — as coisas que não são o real. Por isso Lacan pôde inverter, no fim de seu "Televisão", o axioma de Boileau. Onde este dizia: "O que bem se concebe se enuncia claramente", o axioma que está,

---

[2]Nota da editora: Vale retomar o uso que Lacan faz de seu neologismo. "Diz-mensão é menção do dito. Essa maneira de escrever tem uma vantagem: permite prolongar menção [mention] em mentira [mensonge], indicando que o dito não é, de modo algum, forçosamente verdadeiro." LACAN, J. (1975-1976) *O seminário, livro 23: o sinthoma*. Rio de Janeiro: Zahar, 2007, p. 141, aula de 11 de maio de 1976.

ou estava na memória da maioria dos colegiais, Lacan diz: "O que bem se enuncia se concebe claramente". Quando falamos da clínica das neuroses, o termo clínica se aplica validamente por se tratar de um tipo clínico[3], ou seja, uma certa configuração subjetiva que foi isolada, reconhecida de modo convincente pela psiquiatria e retomada em outros termos pela psicanálise. A clínica das neuroses não consiste em descrevê-las, mas em construir a estrutura que dá conta delas, ou seja, o modo pelo qual para o falante neurótico a fala e a linguagem simbólicas, o imaginário do corpo e da significação e o real do gozo do vivo se atam.

O sexo, por outro lado, não é um tipo clínico. É, em primeiro lugar, uma característica do organismo biológico, do qual a proporção é estranhamente repartida no nascimento de modo igualitário, aproximadamente tanto macho quanto fêmea, *sex ratio*, diz Lacan, que faz disso grande caso em "O aturdito" porque ela condiciona a reprodução — pelo menos até nova ordem, se a ciência se envolver. Há aí um real fora do simbólico. Mas desde que um real é nomeado, aqui com o nome "sexo", ele se ata às palavras e torna-se uma realidade linguageira. Isso é tão verdadeiro que houve mesmo uma época em que, apesar da *sex ratio*, não se falava de dois sexos; falava-se do homem e do sexo que designava apenas as mulheres. Lacan evoca isso zombando do segundo sexo de Simone de Beauvoir. Agora vocês sabem que não há apenas um sexo, mas há muito mais que os dois que nosso título supõe: as trans-sexualidades apareceram. *Apareceram* quer dizer não apenas que

---

[3]LACAN, J. (1969) "Introdução à edição alemã de um primeiro volume dos Escritos". In: LACAN, J. *Outros escritos*. Rio de Janeiro: Jorge Zahar, 2003, p. 554.

são nomeadas, mas que têm, além disso, direito à cidadania, e isso é outra coisa. Quando Krafft-Ebing, por exemplo, nomeia perversão tudo que não é a prática genital heterossexual e Freud herda essa nomeação, as perversões em questão não têm, no entanto, direito à cidadania. Ao contrário, hoje as ditas trans-sexualidades são admitidas ou estão em vias de admissão nas legislações que ratificam as evoluções das mentalidades e dos costumes, as evoluções do que pode legitimamente se pensar e legitimamente se praticar a cada momento da história. Para o humano, o sexo não é, portanto, o real, é uma realidade discursiva, um produto dos discursos que ordenam os laços sociais. Ora, tudo que é discursivo é histórico, e os discursos-laços sociais são diversos. Constata-se que é um problema para tempos de globalização. Isso é facilmente percebido na demanda de integração, como se diz, que se faz atualmente pesar sobre os emigrados e a resistência correlativa que ela suscita. Deles se demanda dividir o que se designa pela expressão "os valores da República", sobretudo a igualdade dos cidadãos homem-mulher e o secularismo. Ou seja, mais além dos ideais, os valores da República não regulam outra coisa que as condutas de corpos, e isso desde as roupas no espaço público até as práticas mais íntimas de poder religioso e sexual — voltarei a essa noção de poder sexual —, passando pelas práticas familiares da subsistência, sobretudo alimentar. Para as configurações do "bípode"[4] sexual será preciso se perguntar o que ele deve ao discurso. É a literatura que faz a clínica civilizacional desse bípode, também um pouco a Antropologia e a ciência histórica.

[4] LACAN, J. (1972) "O aturdito". In: LACAN, J. *Outros escritos.* Rio de Janeiro: Jorge Zahar, 2003, p. 469.

Para nós, trata-se de tentar uma clínica psicanalítica. Mas o que é isso? A clínica psicanalítica, segundo a definição de Lacan na abertura de sua Seção Clínica, em 1974, "é o que se diz em uma psicanálise". Eu creio que ele dizia isso para lembrar a alguns da época que, por definição, um ensino psicanalítico não pode ser universitário, pois o discurso universitário é justamente um lugar em que "o que se diz" é disjunto de toda a experiência — exceto a depositada nos livros. Mas o que se diz nas psicanálises está longe de estar fora do tempo, pois as subjetividades são, elas mesmas, modeladas pelos laços sociais nos quais elas aparecem. É uma evidência. Cada um nasceu em algum lugar, em um certo tempo, recebeu as normas e os interditos, e o que consente ou o que empacou ficou marcado. Portanto, o sujeito, aquele que nós escutamos, não é individual, ele depende do que se passa no Outro. A primeira encarnação do Outro são os pais, adultos e educadores que falam à criança e lhe transmitem a linguagem com sua estrutura própria e todos os seus efeitos de estrutura sobre o indivíduo. Eles transmitem, além disso e ao mesmo tempo, seu discurso que qualifica, demanda, deseja, comanda e que marca esse sujeito. Donde a noção de "pai traumático" no singular. Como Freud viu, o Outro é mais amplamente o discurso social, além dos pais que o veiculam. Digamos o discurso da época, o que regula os laços sociais, ou seja, o modo de fazer coabitar os corpos de uma cultura, e esses laços são históricos, como bem sabemos.

O que resta da infância, o que resta dos anos ditos da educação, independentemente mesmo das lembranças que se tem, é que o corpo foi dobrado às práticas do discurso. Pois a criança não é um homem, ao contrário do pequeno tigre, que já é um tigre. São necessários anos para assegurar o que Lacan chama seu "corpo-reção". Neologismo em que se ouve o *rectus* e o *érectus*: *rectus* evoca, de preferência, a justiça moral; e *érectus*, a verticalidade daquele que vive de pé, como se diz. Um provérbio feito para incitar os combatentes não diz "melhor viver de pé que morrer deitado"? Portanto, anos para dobrar o corpo do falante às exigências de um discurso, ou seja, aos valores que seus semblantes geram, e isso pelo efeito da fala subjetivante. Sujeito e corpo não é todo um, pois o sujeito representado pelo significante não é seu corpo, ele tem esse corpo, como, aliás, tem um inconsciente, mas isso se mantém.

A corpo-reção padrão é a performance que os discursos, quando eles "se mantêm firmes"[5], não param de realizar ao longo dos séculos. É uma expressão de Lacan em "O aturdito". É por isso, aliás, que há sempre uma nota de idealização em todos os discursos humanistas. Lacan não escapava disso quando, depois de ter feito do desejo e de sua revelação um valor do discurso analítico, falava além da "humanização do desejo" e de suas condições na civilização. É que o desejo, como simples efeito de linguagem em sua dimensão de infinitude, comporta uma destrutividade bem pouco socializante.

É assim que as subjetividades e seus corpos são datados; os neuróticos de Freud não são mais os neuróticos de hoje, assim como o homem de 1870, da primeira grande guerra franco-alemã, não é o de 1940 e nem o homem de 2017. Mas, reciprocamente, eu lembro, Lacan pôde dizer, comentando o texto de Freud sobre a psicologia das massas: "O coletivo nada mais é que o sujeito individual"[6]. Isso só é verdadeiro,

---

[5] *Ibid.*
[6] LACAN, J. (1945) "O tempo lógico e a asserção da certeza antecipada". In: LACAN, J. (1966) *Escritos*. Rio de Janeiro: Jorge Zahar, 1998, p. 213, nota de rodapé 6.

com efeito, quando o coletivo é ordenado pelo discurso do mestre, como na Igreja e no Exército, como Freud comentava. Coletivo era um termo demasiado vago do qual Lacan acabou por construir a estrutura com seus quatro discursos. Ele pôde, então, dar uma nova fórmula da relação entre o discurso-laço social e as subjetividades que se modelam nele. Eu já comentei, as subjetividades são "apalavradas" ao discurso. Para ser sujeito de um discurso, é necessário se apalavrar nele. É necessário se situar em relação ao desejo que o anima porque há em cada discurso um desejo específico. Exemplo: no discurso do mestre clássico, que se transmite pela educação, a gente se apalavra, por exemplo, a seu desejo de que todos marchem no mesmo passo; é um desejo de ordem permitindo a coabitação dos corpos. Sendo assim, o apalavrado nesse discurso é sempre, no fundo, um homem de ordem. Com essa chave, podemos compreender uma observação divertida de "Televisão" sobre a qual eu me detive em meu seminário de texto. A respeito do meninote da família burguesa tradicional, que é estruturada pelo discurso do mestre com seu *pater* familiar, Lacan faz dizer a esse filhote: "Pessoalmente (sic) eu tenho horror à anarquia"[7]. *Sic* é irônico, para não dizer que é engraçado, cômico. Isso o é, com efeito, porque, ao dizer "pessoalmente", o pequenino em questão se lisonjeia, pois, em realidade, isso não tem nada de pessoal; é o discurso do mestre que tem horror à anarquia e que lhe sugeriu isso a ponto de ele não fazer mais que seguir. Uma precisão sobre esse termo, entretanto: o apalavramento, ou seja, a adaptação ao discurso, não produz a unanimidade. Podemos ser apalavrados pelo

---

[7]LACAN, J. (1973) "Televisão". In: LACAN, J. *Outros escritos*. Rio de Janeiro: Jorge Zahar, 2003, p. 531.

modo da adesão, do fervor, mesmo quando nos apropriamos de sua finalidade, ou, ao contrário, pelo modo da oposição, da recusa, inclusive da aspiração revolucionária, incluindo aí todos os intermediários do centro. Isso resulta na política dita politiqueira dos partidos, aquela na qual a psicanálise não tem de entrar, com, ainda, a questão de saber caso a caso o que preside as opções individuais.

Então, hoje recebemos os sujeitos do capitalismo globalizado. Um discurso que é indiferente à ordem social, mesmo indiferente a tudo, salvo ao lucro em extensão, que é seu único valor — "mais-valia" disse Marx — e para todos, acrescentou Lacan em sua "Radiofonia". Assim, o capitalismo fabricou o lucro do homem produtor-consumidor, reduzindo cada um ao que é no aparelho de mercado e empurrando cada um à competição no lucro. De súbito, cada indivíduo apalavrado ao capitalismo se coloca, se pensa, em primeiro lugar, em seu lugar no aparelho de produção, que é o índice maior de identidade social. Problema de desemprego e de compartilhamento. Não era assim antes do capitalismo; não era o caso, por exemplo, dos nobres da Idade Média, na qual trabalhar era uma vergonha, enquanto hoje é justamente o inverso, a vergonha é não trabalhar, mesmo se o biopoder lhe sustenta, e é assim que os sofrimentos subjetivos mudam no curso da História. Então, como a diferença sexual seria colocada hoje nessa ordem puramente mercantil? O capitalismo a ignora, com efeito. O casal se apresenta aí, certamente, mais com a noção de "consumo doméstico" que se calcula mês a mês. Quanto aos domésticos, eles deixaram de ser heterossexuais, seu conjugo ignora doravante o sexo. Os modos de vestimenta que tornam visíveis as diferenças homem-mulher estão, eles mesmos, em vias de se apagar. O unissexo da moda que começou, eu havia notado, com o *jeans* vindo dos Estados Unidos vai progredindo até na alta costura, que permanece como privilégio dos ricos; mesmo os modos de vida tendem a se homogeneizar. Quanto aos GAFA[8], o que fazem? Eles dão as pistas dos gostos individuais na Internet para propor a cada um, seja qual for seu sexo, sua classe ou seus meios, algo que poderia lhe agradar e se lê: "Aqueles que compraram o livro que você acabou de encomendar também amaram...". Comercialização patente dos índices do desejo, depois daquela anterior do amor, já consumida, dia das mães, dos pais, sites de encontro etc., sem esquecer todas as ofertas de serviços eróticos do corpo. Para condensar, o capitalismo não produz nenhuma corpo-reção, ele admite todos e obtém lucro de todos. Tudo tem, portanto, mudado. Os semblantes pseudouniversalizantes deixaram de reger, unificando os metabolismos do gozo que garantiriam a co-ex/istência dos corpos nos discursos clássicos. Donde, doravante, o problema do viver, "viver juntos", como se diz. Resta, no entanto, que o capitalismo não poderia suprimir o efeito de linguagem. Ele tem um impacto diferencial segundo se é homem ou mulher? Eis a questão.

A anatomia, destino?

Há pelo menos uma coisa sobre a qual não se está inclinado a pensar que flutua na história; é a anatomia. Evoquei o destino, o destino de "maldição sobre o sexo"[9], que pesa,

---

[8]Nota da editora: GAFA é um acrônimo em francês usado para designar o grupo dos quatro gigantes da internet: Google, Apple, Facebook, Amazon. O acrônimo engloba igualmente outros grandes atores da economia digital, tais como Microsoft, Yahoo, Twitter e Linkedin. Fonte: https://www.linternaute.fr/dictionnaire/fr/definition/gafa/
[9]*Ibid.*

parece-me, sobre os humanos. Eu não posso, portanto, evitar a fórmula conhecida sobre essa questão: "A anatomia é o destino." Ela é antes da psicanálise. Freud a retomou há um século, a partir de sua técnica de fala, e não podemos fazer menos do que questionar suas razões e confrontá-las com o que sabemos hoje, ou seja, que ela não é o destino porque podemos mudar de anatomia graças aos homens e à cirurgia, capaz doravante de suprimir ou enxertar um pênis.

No reino animal, a anatomia faz destino, sem dúvida, salvo anomalia orgânica, pois o instinto, esse estranho saber — ou, de preferência, pseudo-saber, desde que ele não passe por uma linguagem articulada —, comanda o automatismo das condutas que presidem a copulação reprodutora e que são, além disso, programadas pelos períodos de fecundidade que o humano não conhece. Segundo a tradição, para o animal falante que negociou as necessidades orgânicas contra o que Freud chama de as pulsões — e Lacan acrescenta, sob o efeito da linguagem —, o destino, ou seja, um futuro inevitável, é um dizer antes do sujeito que se formula no futuro. Testemunham isso muito bem os mitos da antiguidade (Édipo matará seu pai e esposará sua mãe) e os contos infantis (a fada má diz que a criança será picada por uma roca). O destino é, portanto, sempre um dizer performático que precede a experiência, mas que a decide. Essa seria uma razão suficiente, creio, para evitar todas as cartomantes, os jogadores de cartas ou de tarôs, e outros diversos subalternos do destino. Para que a anatomia seja o destino, é necessário, portanto, que seja falada, localizada no dizer do Outro. Aqui, o do pai traumático. A anatomia faz destino há tanto tempo que há um dizer para colocá-la como significante-mestre da relação entre os sexos. Sobre esse ponto, Lacan introduziu em "O aturdito" uma distinção capital que quero explicitar por ser bem pouco comentada. Não falo da distinção famosa entre o todo fálico e o *nãotodo*, que imagino que todos vocês conheçam pelo menos de ouvir dizer. Ele reparte, de um lado, o Édipo, que faz um conjunto da função fálica como função de gozo, que cai sob o golpe da castração; e do outro, a multiplicidade *nãotoda* de um gozo outro. Mas antes de chegar a esse bípode do todo e do *nãotodo*, Lacan colocou outra distinção entre a significantização da anatomia, que está *a priori*, e a função que lhe reservam *a posteriori* as ordens discursivas dos laços sociais.

A significantização da anatomia, o que é? É o que todo leitor de Lacan conhece: o fato de que o órgão pênis funciona como um significante. Vou me deter no detalhe dessa tese.

DISCUSSÃO

Marjolaine Hatzfeld: A gente tá vidrado no a priori.

> *Colette Soler:* Sim, o *a priori* e, também, o *a posteriori*. Aqueles que têm lido já se detiveram nesse *a priori*. Voltaremos a isso da próxima vez. *A priori* quer dizer duas coisas: é antes do sujeito e é independente do *a posteriori*, que virá depois. É necessário desenvolver o que implica esse *a priori*.

Lucile Cognard: É ainda sobre esse a priori. Eu creio que é em "Subversão do sujeito e dialética do desejo", a propósito de S($\overline{A}$)*, tenho a impressão de que há uma passagem na qual Lacan diz: o pênis do qual ele tem imaginarizado a função. Isso tem ligação com o a priori? E por que há a palavra "imaginarizado"?*

C.S.: Com efeito, em "O aturdito", Lacan faz uma espécie de dedução do falo a partir do imaginário.

Lucile Cognard: Será que a gente se apalavra ao discurso analítico?

C.S.: É claro, sim, a gente se apalavra quando a gente se faz sujeito de um discurso. Creio que essa frase é válida para todos os discursos.

Zehra Eryoruk: Há uma clínica diferencial dos analisandos de acordo com os sexos?

C.S.: Deixei isso em suspenso. O que é certo é que, no que diz respeito ao próprio analista e ao desejo do analista, há algumas indicações que foram dadas por Lacan. A questão é frequentemente colocada no meio analítico: será que o analista homem ou mulher, isso muda alguma coisa? Lacan jamais tratou a questão de modo metódico, sistemático, mas fez observações a propósito. A mais fundamental é a que diz: homem ou mulher, dá no mesmo se ele é, o sujeito, analista. Se a capacidade ao ato, se o desejo do analista estão lá, então a variante sexual, sua incidência, é apagada.

Depois se conhece todas as observações que ele fez sobre as mulheres, as melhores analistas e as piores, na ocasião.

Não vejo, por outro lado, nenhuma indicação sobre o analisando. Para ser analisando, é necessário se curvar ao exercício da dita associação livre. Não temos ideia de que o sexo da pessoa tenha uma incidência a esse respeito. Há, entretanto, não em Lacan, mas entre os lacanianos, alguns que consideram que há diferenças que influenciam sobre o fim da análise, diferenças na posição, sobretudo em relação à fantasia.

Pôde-se constatar, ainda assim, grande diferença: o número. Os primeiros analistas, há mais de um século, eram todos homens. Depois de Freud, as primeiras mulheres chegaram laboriosamente. E agora são maciçamente as mulheres que são analistas.

O que isso indica? Certamente alguma coisa que está ligada ao estado dos costumes. Freud se confrontou, à época, com os doentes dos nervos. E naquela sociedade, a maioria dos doentes dos nervos eram mulheres, donas de casa, sem horizonte, histéricas confinadas. Isso se localizava no *topos* médico, homem, mulher, doente. Não creio que isso seja um índice da capacidade analisante das mulheres, mas, de preferência, um efeito do campo da medicina.

Atualmente não temos estatística, mas tenho a impressão de que há mais mulheres em análise. E nas comunidades analíticas, isso é maciço, há uma grande maioria de mulheres.

Difícil dizer algo sobre o que essas variações indicam. Temos o sentimento de que elas indicam alguma coisa. Dizemos, aliás, que a feminização de uma profissão diminui seu prestígio, ou o inverso. É quase sempre o caso, por exemplo, para a Medicina. Não se pode dizer mais sobre isso, não somos sociólogos, além de eu não saber se a Sociologia nos esclareceria.

Sophie Henry: Uma questão acerca do transgênero. Em relação à homossexualidade — em que a escolha de objeto é diferente daquela que é esperada —, o que faz com que haja um quê a mais que a pessoa queira mudar em seu corpo? Afora o fato de que a escolha de objeto diferente seja aceita, o que pode empurrar um sujeito a uma escolha mais radical?

C.S.: No transgênero, não é a escolha de objeto que está em questão. Se tomamos as fórmulas da sexuação de Lacan, o fato de se localizar de um lado ou do outro da sexuação não implica em nada a escolha de objeto. Para estar seguro disso, basta olhar aqueles que ele coloca de um lado ou do outro no fio dos textos. Do lado do todo, ele localiza homens e mulheres, e do lado do *nãotodo* também.

Dos transgêneros eu não tenho uma visão global, mas o que está em questão é a identidade, não a escolha de objeto. Mais frequentemente, não é sequer o gozo, a mulher que se faz enxertar um pênis não espera ter acesso ao gozo peniano. Nessa questão do sexo, a escolha de objeto está disjunta da identidade sexual. A Alemanha acaba de aprovar um terceiro sexo, no nível da inscrição no estado civil. Isso não diz nada do que cada um terá em sua vida como sexualidade, como parceiro etc.

A homossexualidade, por outro lado, já é uma questão de escolha de objeto.

Evangelina Planas: Questão sobre a estrutura psicótica. Você disse que seria necessário rever a concepção dessa estrutura, que não se pode permanecer sobre a foraclusão da função paterna, e Phi$_0$. Será que você vai retomar essa questão da estrutura psicótica?

C.S.: Não sei se vou falar de novo da psicose especificamente, mas vou falar novamente da função fálica. Penso que, finalmente, se estudamos as teses de "O aturdito", isso exclui Phi$_0$. Vou tentar estabelecer isso um pouco precisamente. Mas, antecipo: Lacan liga a função fálica à fala. Ora, os psicóticos falam.

O tema é complexo.

Lucile Cognard: O discurso fabrica o sexo de uma certa maneira. O terceiro sexo que está em vias de se colocar, de ser aceito, que entra no discurso, ele também o fabrica. Isso tem um efeito sobre o real do corpo. Um historiador, Marcel Tot (que é de Liège) fala da audácia que o ser humano se fabricou sendo audaz e se fabricou avançando, assim, sobre o biológico.

Colette Soler: Falarei do que está *a priori*, não é o discurso, é a significantização do pênis que Lacan coloca *a priori*, antes do discurso enquanto ordem, arranjo significante. O que vem do discurso e o que não vem, considerando que há um real orgânico, e que esse real orgânico entra na linguagem?

DOIS

6 de dezembro de 2017

Para compreender o alcance exato da anatomia, eu introduzi o fato de que, segundo Lacan em "O aturdito", há duas diz-mensões do que faz o homem. A data de "O aturdito" é importante para quem se interessa pelo ensino de Lacan, julho de 1972. É o texto que, como digo frequentemente, faz um balanço sobre o conjunto de teses elaboradas precedentemente desde o começo dos *Escritos*. Em seguida, Lacan vai abrir um novo campo de elaboração com *Ou pior, Mais, ainda* e com a utilização do nó borromeano. Duas diz-mensões portanto, enquanto para Freud só havia uma, a determinada pela presença-ausência do pênis — apesar de sua noção de bissexualidade, porque seja qual for a bissexualidade ela se reparte no bípode dos homens e das mulheres.

A significância da anatomia

As duas diz-mensões valorizadas por Lacan são textualmente as seguintes: aquela que faz o thomem, que ele escreve *thomem* fazendo a ligação com o *t* do verbo faz (*fait*) — sinal de que ele começou a levar em conta o sonoro de *alíngua* —, a que faz o homem *a priori* na linguagem; e aquela que faz paratodohomem, que está *a posteriori* no discurso.

6 DE DEZEMBRO DE 2017

Lógica no fundo: *paratodohomem* escrito em uma palavra supõe que o homem exista.

Eu preciso a aposta desses desenvolvimentos que podem parecer sinuosos, difíceis, mas que vou tentar esclarecer: no momento da história em que estamos, constatamos que a binaridade sexual homem-mulher, que atravessa as civilizações conhecidas, é contestada, pelo menos aparentemente, pelos fatos do que se nomeia os *trans* e seu novo direito de cidadania. Que eles façam objeção à tradição, ao discurso do mestre que sustentou e regulou a ordem do mundo durante séculos, é evidente. Mas, para os analistas, que não servem ao discurso do mestre, a questão é saber se a concepção analítica se encontra contestada, logo ela, que, desde Freud, faz do falo o determinante dessa binaridade homem/mulher. Dito de outra maneira, nossa referência ao falo é posta em questão com esses novos fatos de sociedade? Questão crucial para nosso campo lacaniano da psicanálise que pretende estar à altura de sua época. Eu gostaria de mostrar o que me pareceu, a saber, que Lacan demonstra ao mesmo tempo que a referência ao falo escapa à historicidade, sendo, portanto, estrutural, e que ela se articula à historicidade.

Volto à frase que havia citado e à qual espero que vocês tenham se reportado nesse meio tempo. Lacan disse que Freud tomou seu ponto de partida, eu cito, "desses a quem a herança biológica é generosa quanto ao semblante [...] equivalem, pois, a uma metade, masculina acaso [felicidade/ *heur*] meu"[1].

Referência a Freud, portanto. Modo de dizer simplesmente que Freud, para pensar o sentido sexual e seu édipo,

---

[1]LACAN, J. (1972) O aturdito. In: LACAN, J. *Outros escritos*. Rio de Janeiro: Jorge Zahar Ed., 2003, p. 460.

tomou um só lado como ponto de partida, o lado masculino — o qual tentou, aliás, em seguida, aplicar às mulheres.

Lacan escreve d*esses* [ces] para evitar dizer *aqueles* [ceux], no masculino, porque esse seria por antecipação. "Esses" são os seres em geral, mas que a natureza não trata todos da mesma maneira, porque alguns se encontram dotados do pênis. Por que dizê-los em termos de herança biológica, sabendo que não há herança a não ser pelo simbólico que esta não deve ser confundida justamente com a herança biológica, e que o semblante, aqui sendo o falo, não se herda da natureza, não é da ordem do biológico, contrariamente ao pênis? Fazer liberalidade do semblante, liberalidade esta que evoca a generosidade. É um modo de dizer que o pênis biológico passa, é seu termo, quase automaticamente ao falo, ou seja, ao significante, ao simbólico. Como um órgão se torna um significante? Na página anterior, ele procedeu a uma espécie de engendramento do semblante fálico, dizendo como que é a partir do imaginário do corpo, a partir do órgão "banhado" sobre a imagem do corpo, sobre a superfície e que portanto, cito, "se isola na realidade corporal" do eu [*moi*], da metade em questão, se assinalando além disso por sua eretilidade igualmente visível. Donde a ideia que o pênis, devido ao acaso biológico, passa, é seu termo, ao significante, à linguagem, e faz, portanto, herdar o semblante. É um fenômeno de significantização do imaginário e do real do corpo quase automático para o falante e, de súbito, o que parecia depender do eu [*moi*] visível, ou seja, da anatomia corporal, torna-se um negócio de sujeito, o semblante por definição não se alojando no biológico, isso funciona por si só. Seu lugar é a linguagem, onde ele vale para uma metade dos seres. "Macho feliz comigo" [*Mâle heur à moi*], acrescenta, escrevendo infelicidade [*malheur*] em duas palavras, o que evoca feliz [*heur*] sem *e*, ou seja, o acaso que faz o macho e a infelicidade para aquele que o diz. Qual a infelicidade? Ela é dupla, sem dúvida. Está, em primeiro lugar, no nível mais superficial, o de uma ameaça para quem o diz nesses tempos de feminismo dos anos 70 em que ele escrevia. Para as feministas, essa transferência do imaginário para o significante do sujeito masculino já tinha se tornado objeto de protesto contra o freudismo. É um fato histórico, localizado sobretudo nos Estados Unidos, e somente em seguida, depois de 1972, é que Lacan foi bem-sucedido em reconciliar uma parte dentre elas com a psicanálise. Mais essencialmente porque a atribuição desse falo só é um "semblante de acaso [felicidade/*heur*]"[2] para esta metade macho, pois ela lhe promete outra coisa que a felicidade.

É essa herança, que se poderia chamar biossimbólica, que Lacan afirma ser *a priori*. É por ela que, *a priori*, um ser é feito homem, thomem. *A priori* implica, eu creio, duas coisas: o *a priori* precede e condiciona a experiência; o *a priori* é antes de toda opção subjetiva e independente dos arranjos do discurso de cada época, portanto, trans-histórico. Herança anterior ao sujeito e trans-histórica, então e sempre. Nesse nível, nada de escolha, evidentemente, foi o que sugeriu, eu creio, a ideia de destino. É a retomada do peso que Freud deu desde o começo a ter ou não ter o pênis. E ainda mais que simplesmente *a priori*, essa herança é um "dano *a priori*", contrariamente ao que se crê — uma infelicidade. Cito: essa "thomenagem [é] [...] um prejuízo [*dommage*] *a priori* por fazer dele sujeito no dizer de seus pais"[3]. É claro, o ter fálico é um dano de origem.

[2]*Ibid.*
[3]*Ibid.*

Eu já comentei este "fazer sujeito" no dizer do Outro para falar do tempo antes do aparecimento do sujeito no real, que é outra coisa, a saber, o momento de manifestação de um primeiro dinamismo libidinal do ser com a demanda. "Fazer sujeito" no dizer do Outro, isso é para ser tomado no sentido próprio, gramatical: o Outro profere sobre seu ser sujeito dizendo não que ele *tem*, verbo ter, o pênis; mas que ele é, verbo ser, um menino, ou um cara, ele é thomem. É *a priori*, portanto. Evidentemente, esse dizer primeiro não se reduz a "é um menino" ou "é uma menina", ele se alimenta em seguida de todas as proposições que esses mesmos pais proferem, segundo seu desejo, sobre esse mesmo pequeno, mais ou menos conforme ao que eles esperam dele como menino ou menina. Tal dano não é menor para a menina, e será necessário estudar a diferença. Por efeito do dizer, o ter anatômico passa ao ser do sujeito sexuado, nesse caso o ser macho, que o faz... thomem. Esse dizer sexuante é *a priori*. Observo, em apoio ao que Lacan diz aí, que, com efeito, se conhecemos grupos sociais com culturas muito diversas, não conhecemos nenhuma em que não se possa localizar a significância desse órgão. Nesse nível há justamente destino, ou seja, um dizer que se impõe ao pequeno, que ele não saberia anular, e em relação ao qual teria de se situar obrigatoriamente. Digamos que esse é o primeiro encontro com o arbitrário dessa repartição. Por outro lado, a função que cada discurso-laço social dá, em seguida, a essa diferença do que é thomem e do que não é, é eminentemente variável. A história da sexualidade não é a história da atribuição *a priori* do falo, que parece universal, sem história, mas a da função que se lhe dá com o tempo e os laços sociais.

Para resumir, a thomenagem, o que faz homem, deve ser distinguida, segundo Lacan, da função que este órgão, significante *a priori*, toma secundariamente, *a posteriori*, do discurso. A significantização é *a priori*, a função do significante, *a posteriori*, válida na história de acordo com os discursos-laços sociais. É certo, com efeito, que o que se afirma dos homens e das mulheres, inclusive o que se legifera disso, flutua no tempo e depende dos discursos. Mas de qual discurso se parte? Dos discursos em ação, entre os quais o discurso do mestre e o discurso analítico, seu "avesso". Está aberta, portanto, a questão da função *a posteriori* desse significante fálico no discurso do mestre e no discurso analítico, o que não é o mesmo.

Duas questões, portanto: a da relação ao sexo *a priori* e a da função que seu significante toma nos discursos.

O caso da relação ao sexo

O que Freud descobre escutando as histéricas é que o falo é o significante que regula, não tanto a sexualidade em si mesma — atenção! — mas justamente o que Lacan nomeou a "relação ao sexo". Com efeito, se a psicanálise é uma erotologia, e não uma sexologia, ela tem a ver com sujeitos, eventualmente desejantes, representados por sua fala, e não diretamente por seu corpo. É aí que o significante fálico é o "significante me'ser [*m'être*]", escrito *m* apóstrofo e verbo *ser*, o significante me'ser "desse negócio de relação ao sexo". Não estão aí os termos de Freud, mas os de Lacan, porém, eles decalcam muito claramente o que Freud percebeu. Isso é perfeitamente legível a propósito das mulheres. O que ele diz senão que sua relação ao sexo é fundamentalmente, desde a origem, uma relação de frustração reivindicante, "inveja do pênis", em todos os casos? E ele questiona em seguida, secundariamente, as consequências possíveis sobre o exercício da sexualidade. Ele distinguia três, quanto a si:

a heterossexualidade normal, a homossexualidade e a rejeição do sexo. Também para os homens, ele reconhecia uma relação ao sexo que é originariamente de angústia, precisamente de angústia de castração, cujas consequências sobre o exercício da sexualidade são diversas, e tentou recenseá-las em todos os seus textos consagrados à vida amorosa, indo do superconsumo à evitação, passando pelas impotências diversas.

Acentuo, portanto, a linha que, ao mesmo tempo, separa e conjuga a relação subjetiva ao sexo e a sexualidade como prática. Todo falante é sujeito, os sujeitos se repartem, *a priori*, de acordo com o dizer da *sex ratio*, que implica o organismo sexuado e, de súbito, cito, "a relação ao sexo está distinta em cada metade, pelo fato mesmo de ele separá-las"[4]. "Ele" é o sexo que reparte os sujeitos. O dizer parental que faz sujeito da anatomia é um dizer sexuante *a priori*, ele dá ao sujeito uma pré-identidade sexual que está antes de qualquer verdadeira sexuação. De súbito, independentemente de qualquer experiência sexual, nenhum sujeito pode evitar uma relação precoce ao sexo, e que se distingue da realização sexual futura. Em resumo, duas anatomias, campo do imaginário, correspondendo a dois organismos diferentes, além disso é o real, mas um único significante a priori na linguagem a partir do qual as posições sujeito se regulam. Para todos, há o dano *a priori*, mas, Lacan notou, "no caso da menina, a coisa pode ser pior". E é nele que Freud caiu a partir da análise dos gozos sintomáticos que seus neuróticos lhe apresentaram. Lacan foi adiante, mas não absolutamente na mesma linha.

[4] *Ibid.*, p. 464.

Como teria ele passado da fórmula freudiana "um tem o falo, o outro não" à outra "um é, o outro tem", ou, dito de outro modo, "o que não tem é"? Lacan se autoriza da experiência para — cito "O aturdito" — "situar na questão central do ser ou ter o falo (cf. minha *Bedeutung* dos *Escritos*) a função que supre a relação sexual"[5]. Esta frase marca uma continuidade entre seus textos de 1958, sobretudo "A significação do falo", e o de 1972. Marca também sua grande diferença com Freud, aparentemente pelo menos, pois, com efeito, os dois tipos de formulação não estão absolutamente no mesmo nível. É uma passagem do dizer sexuante *a priori* ao que Lacan chama função fálica. Eu marco a diferença. "Ela o é, se ela não o tem" não provém do dizer *a priori* que faz sujeito da anatomia. O dizer sexuante a partir do ter o pênis, é um menino, é uma menina, predica sobre o ser do sujeito, digamos, sobre sua identidade, e é uma pré-identidade. O que Lacan chama de função fálica, a ser distinguido do significante fálico e que aí se acrescenta, opera outra coisa, em um outro nível, e nas sequências dessa primeira repartição que os identifica como menino/menina. A função garante suas relações, é paradoxalmente uma cópula. Digo paradoxalmente pois nos acostumamos a falar do gozo fálico como do Um do gozo, que separa e mesmo exclui a relação e faz objeção. Ocasião de rever um pouco o que é a função fálica. Ela torna possível o casal a partir de duas identificações *a priori*. Não há relação, mas uma suplência que coloca os sexos em relação. A função fálica é justamente essa função de relação que supre a relação que não há. Lacan qualifica exatamente o semblante fálico com o termo "suplência". O Um fálico,

[5] *Ibid.*, p. 457.

com o gozo que ele comporta, certamente não faz proporção, mas faz laço, relação, e isso pelo viés da... castração. É uma tese constante de Lacan: a inscrição na função fálica que faz o homem vai de mãos dadas com a castração. É ela que "libera o desejo", dizia Lacan em 1958, no sentido de "lançar o desejo". A frase exata é a seguinte: "o desejo que a castração libera no macho dando-lhe seu significante no falo"[6], e ele os nomeia algumas linhas mais adiante como "os partidários do desejo"[7]. Conexão do que se chama virilidade em todos os discursos com a castração que a condiciona. Já na página 742, Lacan escreve "não há virilidade que a castração não consagre"[8] e, retomando o tema em "O aturdito", ele ri daqueles que acreditam, como na sala de plantão de sua juventude, que é "pelo próprio órgão que o Eterno feminino atrai para cima"[9]. Eu tenho comentado muito isso em meu livro. É a falta (-phi) da castração que funda o dinamismo do desejo sexual e que dá ao objeto visado pelo desejo, aqui a mulher, um valor fálico, de todo modo um mais respondendo ao menos, e Lacan evoca inclusive o "falo sublime" que ela é na ocasião. O ter e o ser operam, portanto, no nível da dialética desejante que solda homem e mulher essencialmente na cena da sedução e, portanto, do parecer, entre exibição e mascarada. Por isso, para as mulheres, no "ser para o sexo", retomando a expressão de Lacan, seu "ser o falo" passa por ser para o outro, o outro desejante, o que redobra

---

[6]LACAN, J. (1958) Diretrizes para um Congresso sobre a sexualidade feminina. In: LACAN, J. (1966) *Escritos*. Rio de Janeiro: Jorge Zahar Ed., 1998, p. 744.
[7]*Ibid.*, p. 745.
[8]*Ibid.*, p. 742.
[9]LACAN, J. (1972) O aturdito. In: LACAN, J. *Outros escritos*. Rio de Janeiro: Jorge Zahar Ed., 2003, p.461.

de uma alienação a disparidade do *a priori* do ter ou não — pelo menos na heterossexualidade. Não é o mesmo quando Lacan diz, mais tarde, que uma mulher é um sintoma para o homem. É o que tem sido muito formulado no lacanismo sob a forma da seguinte questão: para uma mulher, como aceitar ser objeto de um homem? A verdadeira questão seria, de preferência, retomar o que pode ser a castração para uma mulher. Não pode ser simplesmente a falta de pênis como Freud postulou no começo, como se a castração fosse já realizada de fato nela por essa ausência. Também não pode ser confundida com sua queixa e sua dor que emana da injustiça da *sex ratio*. Freud mesmo se deu conta disso. Relendo testemunhos de AE, encontramos uma colega que observou, com justa razão, como ressoa nos testemunhos das mulheres passantes uma dor original, mais que nos testemunhos dos passantes homens. Ela concluiu disso que a castração era mais para as mulheres. Contrassenso, evidentemente. É o que Lacan procurava evitar distinguindo a privação, que é real, da frustração e da castração, que é simbólica. Em todo caso, o ponto seguro é que, para cada sujeito, tudo começa com o dizer *a priori*. Mas nem tudo se detém aí, porque a função desse significante fálico depende do discurso, esse discurso que os próprios pais do dizer sexuante transmitem. Eu volto a isso, portanto, na segunda questão.

A função segundo os discursos

No discurso do mestre

É o discurso que fabrica o paratodohomem, eu disse. Lacan distingue o que faz thomem e o que faz paratodohomem, que ele escreve com uma palavra. No dizer da civilização antes do capitalismo e antes da psicanálise, a função *a posteriori* desse significante era claramente legível: ela se confundia com a do semblante do mestre, do discurso do mestre, com o S_1 do poder que organizava a ordem social assim como a ordem do casal na família reprodutora e que as homologava. O rei — a rainha, o mestre — o escravo, o homem — a mulher. Amor e desejo sexuado se arranjavam segundo essa ordem, e caso haja dúvida é necessário reler nossos clássicos, Corneille, Racine. Eu os remeto sobre esse ponto ao livro de Francois Regnault, *La doctrine inouïe*[10], uma obra sobre o teatro, sobretudo clássico, que eu tinha comentado recentemente. No discurso do mestre, poder político e poder sexual se superpõem, exprimem-se no mesmo vocabulário, o do poder, a questão do gozo dos corpos não estando em si mesma colocada, de preferência recalcada por essa ordem no segredo das intimidades e do privado. Lá onde esse discurso ainda reina, isso não mudou, o falo-mestre com hífen permanece pelo efeito de discurso e abarca todo o campo do que nós representamos como o poder, tanto político como sexual. Portanto, o discurso do mestre fabricou, digamos, a raça dos mestres, termo este que emprego seguindo a tese de Lacan. As raças são fabricações dos discursos, elas se constituem "pelo modo como se transmitem, pela ordem de um discurso, os lugares simbólicos, aqueles com que se perpetua a raça dos mestres"[11] e de seus outros. Donde a noção de "racismo dos discursos em ação", pois a ordem em questão é também a que regula os gozos. E a psicanálise "paratodiza isso na contramão"[12].

---

[10]REGNAULT, F. *La doctrine inouie*, Paris, Hatier, 1996.
[11]LACAN, J. (1972) O aturdito. In: LACAN, J. *Outros escritos*. Rio de Janeiro: Jorge Zahar Ed., 2003, p. 462.
[12]*Ibid.*

Voltarei a isso. Entretanto, Lacan sublinha não é necessariamente uma felicidade para o menino, porque se é possível educar o menino para fazer o mestre, o órgão ainda padece dessa função *a posteriori* do mestre que lhe é imposta, na qual ele é apanhado e, para educá-lo, "pode-se sempre correr". Dito de outro modo, não há educação sexual que o sustente, o órgão não chega ao significante mestre. O poder do mestre não é o poder sexual, e tudo indica que, de preferência, supra a este último. Nesse discurso, portanto, o dano *a priori* da castração se redobra no "ofício", o termo é de Lacan, que o discurso impõe ao falo.

Mas hoje, em nossa sociedade dita civilizada dos direitos do homem, a ordem do discurso do mestre é contestada. É exigido que os laços sociais coloquem todos os indivíduos iguais, desfazendo todos os pares hierarquizados do discurso tradicional — e a paridade é mais que a igualdade dos direitos, é a dos papéis respectivos em todos os níveis. O discurso do mestre aí é ferido. Em outros termos, não se quer mais que as "generosidades" da natureza tomem sentido de semblante... do mestre. A discriminação pelo falo-mestre é recusada doravante em nome do ideal de igualdade, na linha e na sucessão dos direitos do homem, que não podem ser os direitos de uma metade apenas dos humanos, mas devem ser os direitos de cada falante que tem um corpo, sem distinção de sexo. De súbito, o registro do sexual propriamente dito se isola nessa economia paritária e toma um novo relevo pelo fato de que a paridade, mesmo onde ela se realiza, não reduz a significância *a priori* da anatomia e não impede o significante falo de ser desigualmente repartido *a priori*. Parece que o nosso tempo gostaria, no fundo, de separar, desconectar o falo do significante mestre, dito de outro modo, separar sua eventual função sexual de sua função de poder político. É patente nos debates atuais, com as acusações lançadas contra os portadores do significante, aqueles "que têm de que", diz Lacan, os homens e seus abusos de poder, diz-se com justa razão. Há como uma espécie de aspiração de dobrar a disparidade *a priori* à paridade *a posteriori* do discurso atual.

Lacan tem uma fórmula forte em "O aturdito". Dessa parte da *sex ratio*, ele diz, e ele pesa sempre suas palavras, que ela entra em "impereza"[13] na questão do sexo. Ele não hesita, portanto, em evocar não o mestre, mas nada menos que o império no domínio da diferença dos sexos. Vou voltar à tese imediatamente, mas isso permite formular a focalização dos debates atuais. Eles entraram, não há dúvida, em um momento crucial. Com efeito, a reivindicação da igualdade entre homem e mulher não é de hoje no que diz respeito às liberdades, aos papéis e aos direitos profissionais, políticos, de cidadania, e ainda o direito de dispor da maternidade etc. Ora, mesmo quando esses direitos são mal aplicados, nenhuma voz entre nós ousa mais se elevar contra sua legitimidade. Porém, outra coisa acaba de entrar em cena com o que se nomeia "a liberação da palavra" quanto aos abusos e assédios sexuais. Claramente, o que se exige aí ou, de preferência, o que se denuncia é a confusão entre o falo significante do sexo e o significante do poder discricionário do mestre. O aumento simultâneo, além do assédio, do número de mulheres espancadas, assassinadas e, ainda, o aparecimento de uma recíproca, os homens espancados e assassinados — ainda minoritários, é verdade —, parecem indicar exatamente aí também algumas mudanças profundas do discurso.

[13] *Ibid.*, p. 464.

Há mais, aliás, quando se aprende, como o exemplo vindo da Espanha, além da mudança de sexo possível que já evoquei, que não é mais ilegal consentir à demanda feita pelos pais para operar crianças de dois anos que já sabem, diz-se, que seu sexo verdadeiro não é aquele de sua anatomia. Será que isso não faz pensar que o dizer *a priori* que faz passar do ter o pênis a ser feito sujeito macho pode faltar ou ser contestado? Pela psicanálise sabemos o que decide as identificações sexuadas e que, com dois anos, uma criança no que ela manifesta é ainda totalmente modelada pelas demandas que se lhe dirigem, e igualmente pelas interpretações que os pais fazem dela, em que a identificação eventual ao sexo anatômico vem mais tarde. Devemos, então, concluir que não basta aparecer ou não com um pênis para que isso faça sujeito no dizer dos pais. A ocorrência das identidades *trans* que se multiplicam, de fato, quer isso agrade ou não, vai no mesmo sentido. Então, talvez seja necessário que os psicanalistas esperem receber sujeitos para os quais a anatomia não é mais um significante mestre do sexo.

DISCUSSÃO

Cathy Barnier: O dizer a priori *"é um menino" ou "é uma menina", que desliza em Freud sobre o ter ou não ter, eu me pergunto sobre esse deslizamento, porque isso começa pelo ser, a identidade* a priori, *depois isso passa ao ter.*

Colette Soler: O fazer sujeito se apoia sobre a constatação do pequeno apêndice que *passa* ao significante. Insisto sempre sobre o estado civil que segue, que registra o dizer dos pais. Hoje se vê que o Estado civil segue, registra um consentimento social das evoluções individuais no começo desviantes.

Cathy Barnier: Há uma mudança nesse dizer a priori: *"é menina ou menino" que se traduz em ter ou não. É ainda do dizer a priori ou já é do a posteriori?*

C.S.: Eu me pergunto se você não inverteu a ordem sublinhada por Lacan. O dizer *a priori* que faz sujeito vem do imaginário que precede o simbólico. O pênis, órgão que se manifesta na superfície do corpo, passa, o termo é de Lacan, ao significante, o qual, portanto, deriva do imaginário. Não se pode dizer que o ter ou não é *a posteriori* para a criança. O apêndice imaginário passando ao significante causal do dizer "é um menino, é uma menina". O pequeno entende "é um menino, é uma menina" depois que ele realiza a relação ao ter. Na clínica das crianças, o momento em que a criança localiza a disparidade do ter é bem identificável. Há um momento preciso — enfim, na época em que Freud escrevia, os costumes eram tais que as meninas não tinham visto nada, um certo número chegava ao casamento sem saber que tinha um pênis na jogada. Mas, mesmo na educação mista liberal, em que os meninos viam as meninas e reciprocamente, há um momento, e é às vezes muito identificável na observação das crianças e mesmo às vezes na fala do analisando, mas não sempre, porque há a amnésia, no qual as crianças se encontram detidas sobre essa diferença que já era vista, mas não tinha tomado seu peso subjetivo.

Evangelina Planas: Se segui bem o a priori, *o dizer dos pais sobre a identidade sexual é, para todo mundo, portanto, antes mesmo das estruturas clínicas.*

C.S.: Sim. O falo é um significante, portanto, isso pertence à linguagem, foi por isso que eu disse que "herança biológica" é uma expressão problemática, porque não se herda biologicamente, a herança é uma noção que vem do simbólico.

Evangelina Planas: Retomo minha questão da vez anterior sobre a psicose.

C.S.: A questão que você coloca é com razão, porque ela corre em toda parte. Será que há uma função fálica na psicose? Será que há uma significação fálica na psicose? Desde "A significação do falo", vemos que Lacan já começa a construí-la sem o pai. Em "O aturdito", ele coloca a função fálica sem o pai — ainda que coloque o pai no texto. Nas fórmulas à direita, lá onde ele diz que não há a exceção paterna, há ainda assim a função fálica. Ali insere a psicose, Schreber, as mulheres e um monte de gente. Há tantos textos em Lacan nos quais a afirmação da função fálica é independentemente da função pai que é necessário repensar tal articulação.

E o "não todo x phi de x" que caracteriza o lado que não é o lado Homem, não é Phi 0.

Anaïs Batisde: Você fala da emergência do significante fálico a partir da disparidade imaginária dos corpos, e isso emerge no dizer dos pais. De qualquer maneira, é para distinguir da emergência do significante fálico para o pequeno sujeito.

Colette Soler: É um problema que isso venha do dizer dos pais? O dizer do Outro é *a priori* e as consequências do dizer para o sujeito ligadas a esse *a priori*. Para dizer a verdade, esse termo *a priori* acentua uma tese que é antiga em Lacan, aquela da presença do Outro, que ele aplica aqui à subjetivação do sexo.

Anaïs Bastide: Quando você falou da fobia e desse momento de emergência do significante...

C.S.: Não há nenhuma contradição. Lacan com esse *a priori* tenta colocar a estrutura sincronicamente. Quando ele diz passagem do imaginário ao significante, é sincrônica. Na clínica, a gente não tem a ver diretamente com a sincronia, a gente tem a ver com sujeitos que têm uma história, que são desenvolvidos e constituídos em uma história. Mas não há contradição em colocar um dizer sexuante implicando uma pré-identidade sexual para todos os falantes. Além disso, como as consequências desse dizer aparecem para cada criança, no contexto de seu aparecimento e de seu crescimento, isso é assunto de história, de diacronia. O que eu disse da fobia, a propósito do pequeno Hans, foi Lacan quem desenvolveu, é que o cavalo de Hans é o primeiro significante do menino Hans na medida em que ele tem um corpo. Até aí ele é um menino, ele está desde a origem no dizer de seus pais que ele adotou, ele está, portanto, no espetáculo do mundo, no tribunal no qual como sujeito ele faz o carinha com as meninas, mas em tudo isso o corpo ainda não está engajado. A fobia se desencadeia quando o gozo do corpo se desperta. Essa dimensão revoluciona a economia prevalente subjetiva que até então parecia de preferência favorável. Ele é o querido dos pais, o pequeno galo da corte da escola, até aí nada de protuberância. É apenas no momento em que o gozo aparece que se compreende como o semblante da felicidade pode em realidade ser um dano.

Régine Chaniac: Interrogo o termo "o dizer dos pais" porque não é tanto os pais que dão essa identidade, é a sociedade.

É no hospital que se diz "é uma menina, um menino", desde a ecografia; há mesmo pais que têm um mau ouvir...

C.S.: Sim, mas é o dizer dos pais que conta para uma criança. É retransmitido pelo grupo social, pelo estado civil.

Lucile Cognard: O que é que se chama rejeição no caso de Hans? Com esse significante cavalo, Hans rejeita algo, o significante com o qual sua mãe lhe diz: "é uma sujeira"?

C.S.: Lacan emprega, me parece, esse termo rejeição n' "A conferência de Genebra", para dizer que Hans tem uma reação de não aceitação em relação às suas ereções, às excitações de seu órgão.

Lucile Cognard: ...do gozo parasita.

C.S.: Sim, esse gozo que ele não sabe colocar, é necessário um tempo para colocar no contexto de sua vida, em um discurso, em seu romance. Vê-se claramente, no relato de Freud, que ele tem tiques. Ele o rejeita e a fobia é uma produção significante, o cavalo no lugar desse gozo. É o primeiro significante que vai engajar a metonímia dos Uns fálicos.

TRÊS

20 de dezembro de 2017

Indiquei que o falo se impõe *a priori*, traumaticamente, pelo dizer dos pais e que, no dizer de Lacan, ele toma uma função *a posteriori* segundo os discursos. Por isso cada discurso instaura um certo tipo de relação homem/mulher que deveria ser estudado mais à frente, mas antes eu evoquei o discurso do mestre. Resta ver o que é essa função do falo no discurso analítico.

Antes, eu me detenho um pouco mais nesse *a priori* afirmado por Lacan e que eu não desenvolvi suficientemente, penso. Para esses desenvolvimentos, eu me apoio essencialmente em "O aturdito", que é, a esse respeito, um texto crucial, pois conclui sobre numerosas observações dispersas distribuídas ao longo do ensino de Lacan sobre seu além do Édipo e o casal sexual que ele implica.

O *a priori* fálico

Eu marquei fortemente o alcance do dizer parental que fabrica, com a bússola anatômica, uma pré-identidade sexuada antes de qualquer experiência do sexo. Evidentemente ele não se limita ao veredito primário que diz é um menino ou é uma menina. Esse veredito, como Régine Chaniac observou na discussão, não é propriamente dos pais, mas de tudo o que no corpo social se aproxima da criança desde seu nascimento. A diferença é que o dizer dos pais não se detém nesse enunciado, ele enxerta sobre esse mesmo enunciado todas as antecipações ligadas ao seu desejo. Desejo de criança, seguramente, mas não desejo de uma criança qualquer, e sim uma criança fantasiada, lugar de todas as suas projeções narcísicas, como Freud aliás sublinhou, de todas as suas ideias do que é ou deve ser um menino ou uma menina, do que é ou deve ser aquele ou aquela. É aí, aliás, onde a incidência do discurso do tempo se enxerta sobre seu desejo particular. Quando Lacan, em 1975, na "Conferência de Genebra sobre o sintoma", diz que no modo como se fala com o pequeno ele percebe o modo como foi desejado, o que diz ele senão que a criança interpreta esse dizer *a priori*? É o bê-a-bá da clínica. Lacan o formulou primeiramente dizendo que o sujeito se forja no lugar do Outro e que isso começa com os oráculos do dito primeiro Outro, mas é necessário reconhecer a mesma tese quando ele a diz em outros termos, com a noção do dizer que *a priori* faz sujeito e no qual a diferenciação pelo significante fálico já está lá. "O aturdito" acrescenta que é pela graça do imaginário, em que o órgão, o fânero, ao se distinguir especialmente na superfície, está propício a passar ao significante.

É que Lacan avança sua função fálica de um modo que difere daquela da "Questão preliminar". Nesta última, com sua metáfora, ele colocava o Nome-do-Pai enquanto a significação do falo era pensada como uma consequência, portanto, subordinada. Donde a ideia de sua ausência possível na psicose, e do furo no imaginário da significação respondendo ao furo no simbólico da foraclusão. "O aturdito" está longe dessa construção, ele inverte a ordem. O Nome-do-Pai não apenas é repensado de outro modo, como ex-sistência de um dizer formulável em "dizer que não", mas ele só intervém secundariamente para dar limite à função e constituir, possivelmente em conjunto, uma parte daqueles que fazem argumento à função fálica. Mas, por outro lado, todo sujeito se inscreve nessa função, exceto talvez o esquizofrênico e o pequeno autista que não fala. Essas fórmulas são chamadas, com justa razão, de sexuação, porque para todo sujeito — isto é, todo falante — a sexuação se opera em relação à função fálica, e não apenas para os homens no sentido da anatomia. Lacan precisa, aliás, no *Mais, ainda*, que se nomeie Homem com maiúscula o que se inscreve do lado do todo. Do outro lado, do não todo x phi de x, ele precisa, isso não quer dizer "não do todo no phi de x". É textual. O *nãotodo* não é uma foraclusão da função.

Além disso, uma outra diferença com a metáfora é que, de saída, o falo não era apenas índice da diferença sexual, ele identificava o próprio ser. O falo era o significante pelo qual, nos termos da época, o sujeito se identifica "a seu ser vivo", é o significante de uma identidade de vivente, que engancha a própria existência no registro do discurso. O ser vivo é um registro infrassexuado. É a metáfora do pai que, substituindo dois significantes, DM (desejo da mãe) e NdP (Nome-do-Pai) ao casal sexuado dos pais, fazia com que o falo significante da vida se tornasse o significante do sexo e que o ser vivo se sexualizasse. Além disso, qual era a primeira definição do falo, em Lacan? Falo, significante da falta, da falta do desejo, sobretudo do Outro. O desejo da criança se esclarece daí, em um ser que cai sob o golpe da falta, logo, do sentimento de limitação e de finitude, é um desejo de prolongamento e de extensão da vida, que faz do significante do desejo, ao mesmo tempo, significante da vida. Este acento quase não se encontra em Freud. De onde vem essa diferença? Vejo duas origens possíveis, sem dúvida, combinadas. Em primeiro lugar, Freud era judeu, e na população judaica o desejo de se perpetuar como povo judeu é muito fortemente enraizado e transmitido, mais que nos cristãos. Sobretudo, Lacan era psiquiatra antes de ser psicanalista, e foi necessariamente confrontado com o fato de que as desordens primárias da psicose não são sexuais, muitas incidindo sobretudo em relação à vida, e a psicose é inclinada a atentar contra essa vida, seja sob a forma de assassinatos imotivados da esquizofrenia ou de suicídios melancólicos. "O aturdito" não faz do falo o significante da vida, mas há mesmo assim uma homologia em que são distinguidos dois estratos, a pré-identidade *a priori* e, em seguida, a inscrição sexuante na função.

Com efeito, a chamada função fálica é construída em dois tempos, não é homogênea, mas antes desdobrada. Lacan teria, em primeiro lugar, dito que a significação fálica é a significação da falta, a escrever *menos phi* ($-\phi$). Significação é um significado, logo, do registro do imaginário. Depois, desde a "Subversão do sujeito e dialética do desejo", ele escreve *phi maiúscula* Φ, significante do gozo — gozo impossível de negativar, acrescenta. Que isso quer dizer? A falta fálica (ϕ) que não vem do pai, mas que resulta do fato de que a linguagem é negativante, cf. nosso famoso *Fort-Da*, o exemplo do jogo do neto de Freud, que introduz uma primeira simbolização, que escreve a presença negativada, é um efeito de linguagem. Phi maiúscula Φ escreve outra coisa, o gozo, indicando que não é todo o gozo que é negativado pela linguagem e que há um resto não eliminável. Esse resto vai se chamar, em seguida, gozo fálico. Lacan o explicita, aliás, dizendo que Φ deve "distinguir-se pela função unicamente significante que se promove, na teoria analítica, até então, com o termo de Falo"[1]. A significação do falo é o único genitivo completo subjetivo e objetivo ao mesmo tempo. No sentido subjetivo do "de", é o falo significante que significa... a falta; no sentido objetivo do "de", é a significação; toda significação significa o quê? O falo, significante da falta, pelo fato de que uma significação é sempre incompleta, remete sempre a uma outra. Na fórmula ser ou ter o falo na dialética entre os sexos que evoquei, é essa definição do falo que está em jogo. O fato de que Lacan retome essa fórmula em "O aturdito", ser ou ter o falo, indica que ele o inclui na função fregeana $\Phi(x)$. Alguns ficaram surpresos que eu tenha dito "a função fálica é uma cópula", mas não se fica surpreso que se mantenha a ideia de um gozo fálico imaginado como autista. Posso listar as características desse gozo que Lacan marcou ao longo do tempo. O gozo chamado fálico é o não negativável, o que resta do gozo depois da negativação linguageira, mas que permanece determinado pela linguagem. Ele está fora do corpo imaginário porque ligado às palavras — de alguma maneira que se pensa o laço entre as palavras e o gozo. É o gozo que Lacan dizia ser passado ao inconsciente desde "Radiofonia", ou seja, passado às palavras de *alíngua*. Ele é representado como gozo do poder e, com efeito, ele está em toda parte, ele sustenta todas as atividades humanas. Mas, ao mesmo tempo, é ele que é dito "castrado", (cf. "Introdução à edição alemã dos *Escritos*"), que faz "função de sujeito", porque ele inclui a falta de gozar no próprio gozo por seu caráter descontínuo, tão descontínuo quanto os significantes. Por isso, tudo que se inscreve na função fálica, seja do lado do $\forall x$ ou

---

[1] LACAN, J. (1972-1973) *O seminário: livro 10: mais, ainda*. Rio de Janeiro: Jorge Zahar Editor, 1985, p. 41, aula de 9 de janeiro de 1973.

não $\forall$ x, cai sob o golpe de uma castração. Donde, aliás, o comando do supereu, que impõe "ainda um esforço" — como Sade formulava — e que diz, portanto, "goza" — segundo Lacan — justamente porque é impossível a quem fala como tal. De onde também a questão do parceiro dos sujeitos inscritos no $\forall$ x Φx, posto que é a castração que funda a relação de objeto e, dito de outro modo, que lança o desejo. Voltarei mais tarde a essa questão do casal.

Como a análise se coloca nesse contexto? O falo, se desigualmente repartido, é o significante do discurso analítico, segundo Lacan. Quando ele procede a geração do órgão significante a partir do imaginário do corpo, ele acrescenta: "É assim que, do discurso psicanalítico, um órgão faz-se o significante"[2]. Como entender?

O significante do discurso analítico

Que o falo seja um significante não data do discurso analítico, posto que é *a priori*, ou seja, trans-historicamente, que o dizer dos pais o trata como um significante e mesmo um significante ao qual a Antiguidade rendia um culto nos mistérios de Pompeia. Lacan fez grande caso disso. De súbito, tenho lembrado, é um caso de sujeito e a relação de cada sujeito ao sexo se coloca. Como esse significante já se tornou o significante do discurso analítico há pouco mais de um século? Se nos perguntamos qual é o significante do discurso do mestre, posto que a escrita dos discursos data de 1970, a resposta será o significante mestre, o S_1, que, no lugar do semblante, determina a ordem do discurso. Mas o discurso analítico não coloca o falo no lugar do semblante. Ele coloca

---

[2]LACAN, J. (1972) O aturdito. In: LACAN, J. *Outros escritos*. Rio de Janeiro: Jorge Zahar Ed., 2003, p. 456.

aí o objeto *a*, ou seja, a questão sobre o gozo. Então, por que dizer que o falo é o significante do discurso analítico?

Eu parto de Freud. Que Freud tenha descoberto que a relação dos sujeitos ao sexo se instaura pelo significante do falo e que ele se modula entre angústia e inveja, não resta dúvida. Quanto ao sentido sexual que ele atribui a todos os ditos do analisando, assim como às chamadas formações do inconsciente, vê-se que uma vez decifrados e interpretados, esses ditos e essas formações no fundo não liberam, além do significante fálico, senão os significantes das pulsões parciais, todo registro chamado outrora de pré-genital. Do lado de Lacan, é necessário reler "A significação do falo", texto de 1958. Estamos diante de fatos que sustentam a estrutura de linguagem — em sua articulação com o que não é linguagem, o corpo e seu gozo, que a linguagem marca e determina. Nesse sentido, com a articulação dos Uns de significante e essa falta de significação última, a fala analisante é, em si mesma, uma implementação da castração — a castração é o fato de que "não se pode tomar juntos todos os significantes", dirá Lacan. Igualmente implementação do gozo fálico que é o gozo ligado às palavras. O analisando "consome" gozo fálico, e isso para todos os sujeitos, homem ou mulher. A associação livre retransmite de algum modo o "dano *a priori*". Esse dano não se contenta em ser formulado na análise, mas ele aí se renova e se generaliza. Compreende-se o porquê de Lacan poder dizer, na ocasião, que não é senão na análise que a histérica se percebe como castrada. Compreende-se igualmente por que e como uma psicanálise relança o desejo: é por seu efeito de castração.

Logo, a significação fálica é efeito de linguagem. Mas qual é o sentido dessa significação, posto que significação e sentido não são apenas um? É próprio do discurso analítico poder colocar isso em evidência. O sentido desse semblante inerente à fala que é o falo vindo do pênis é, cito, "a verdade que não há relação"[3]. Dito de outra maneira, o sentido da significação fálica é o real, aquele que é próprio ao discurso analítico. O semblante fálico tem, portanto, o sentido do real: não há relação. Não há relação, mas um gozo que é aí suprido, o fálico, que se escreve com o phi maiúsculo, Φ, que é o gozo castrado, por isso chamado ainda de os mais-de-gozar. Esses quatro termos, o semblante fálico, a não relação, o gozo e o mais-de-gozar constituem o que Lacan chama de seu "quadrípode" e designa, segundo os termos de "O aturdito", os "lugares" nos quais "isso se thomem"[4]. Mencionei o *a priori* do dizer que introduz a bússola fálica, mas suas consequências para aquele que fala, ou seja, o quadrípode, ele também o é? É uma questão. A psicanálise em todo caso procede desta dimensão, a dos "lugares pelos quais isso é thomem"[5], lugares que fazem thomem. Eles devem ser distinguidos do efeito de discurso porque o discurso realiza outra coisa: ele faz passar o homem ao paratodohomem; dos homens ele faz um conjunto no qual cada um é um entre outros. Para este fazer a função pai, é requerida a exceção que em "um ponto do discurso"[6] se inscreve em falso.

Respondo à minha questão de saída: podemos dizer que o falo é o significante do discurso analítico porque ele é o produto deste. Ele não se inscreve no lugar do semblante do discurso analítico, mas do produto, do S_1, sob a barra, a ser posto na conta do "Há Um" do gozo.

[3] *Ibid*. p. 460.
[4] *Ibid*.
[5] *Ibid*.
[6] *Ibid*., p. 457.

$$\frac{\cancel{S}}{S_1, \Phi}$$

Outra fórmula dessa tese, a análise, "coloca em seu lugar a função proposicional"[7], Φ (x) e, é necessário sublinhar, sem distinção de sexo. Ver igualmente no seminário *Mais, ainda*, o falo, "a experiência analítica cessa de não escrevê-lo". Além disso, Lacan observou desde "Radiofonia" que ela o faz "sem recorrer ao Nome-do-Pai"[8]. Seguramente, a psicanálise também fabrica o paratodo, mas não o paratodohomem, ela fabrica o paratodo sujeito. É a aposta que eu evocava. O Édipo, como o discurso do mestre, visava fabricar o paratodohomem através das identificações do eu [*moi*] ao papai/mamãe ou lugares-tenente. O além do Édipo não é um além das identificações do eu [*moi*], como alguns imaginam, é um além da confusão entre o significante fálico e o significante do mestre — confusão sobre a qual a metáfora dos anos 50 permanecia muito equívoca, em todo caso imprecisa. O falo só é "significante me'ser" [*m'être*] do sexo, não do laço social. Dito de outro modo, o além do Édipo é o fim da confusão entre discurso do mestre, com suas normas, e o discurso analítico.

Como entender essa afirmação que a psicanálise procede da primeira diz-mensão que não é de discurso, que é efeito de linguagem *a priori*, posto que, ao mesmo tempo, a psicanálise é um discurso-laço social? Proceder é, de uma só vez, "provir de" e "operar pelo", como se diz que o cirurgião procede com um bisturi. Com efeito, o dizer de Freud "não há relação"

---

[7] *Ibid.*, p. 491.
[8] LACAN, J. (1970) Radiofonia. In: LACAN, J. *Outros escritos*. Rio de Janeiro: Jorge Zahar Ed., 2003, p. 428.

provém do dito do inconsciente que só escreve o falo. Ele procede disso também porque em sua prática, e embora o formule em outros termos, Freud utiliza a estrutura de linguagem que veicula os Uns fálicos. Dizer que a psicanálise procede dessa diz-mensão *a priori*, é dizer que a mensagem da psicanálise transcende os discursos históricos, revelando algo de um universal estrutural, do que Lacan escreverá mais tarde *LOM* com três letras. Qual é esta mensagem? Pôde-se dizê-la de diversos modos, primeiramente com "não relação", mas eu prefiro dizê-lo nos termos de "O aturdito": "todo sujeito como tal, posto que é o desafio desse discurso, inscreve-se na função fálica [...]"[9]. Todo sujeito como tal, já que este é o desafio, eis o índice universalizante da psicanálise segundo Lacan. É uma questão crucial para toda internacional da psicanálise saber qual é a mensagem universal dessa psicanálise. Podemos lembrá-lo a todos aqueles que estariam tentados a pensar que, com línguas diferentes e culturas diferentes, a psicanálise poderia ser diferente. Pois não, seja qual for a língua, seja qual for o discurso-laço social, a psicanálise revela e implementa o universal destino da castração linguageira dos falantes, com a questão de saber, caso a caso, como cada sujeito se inscreve aí e aí responde, e neste ponto há a incidência possível do discurso histórico. Fora disso, só há as diversas terapias geradas pelos discursos históricos e que servem a esses discursos.

O próprio do discurso analítico

Ele não impede que a psicanálise seja também um discurso-laço social ordenado e ao qual se pode demandar, como aos

---

[9]LACAN, J. (1972) O aturdito. In: LACAN, J. *Outros escritos*. Rio de Janeiro: Jorge Zahar Ed., 2003, p. 458.

HOMENS, MULHERES

outros discursos, a raça por ele presidida. É aí que Lacan afirma: "o discurso analítico paratodiza isso na contramão"[10]. A palavra *isso* aqui designa as raças, das quais ele acabara de falar. O discurso do mestre faz a raça dos mestres, como já disse, o discurso universitário a dos "pedantes", e o discurso histérico a dos "cientistas" em matéria de desejo, e esses mestres diversos comandam respectivamente seu outro, seu assujeitado. Diríamos que o discurso analítico fabricaria a raça dos analistas, mas na contramão, pois é necessário ao analista, em primeiro lugar, que seja assujeitado ao discurso, ou seja, o analisando cujo "pescoço que se curva deveria endireitar-se"[11] e que, de fato, é para o analista o que o escravo é para o mestre, seu outro, antes de vir eventualmente ao lugar do semblante que comanda o discurso? Seria já uma grande diferença com o discurso do mestre, pois não é por seu trabalho que o escravo pode se tornar mestre. Todavia, uma raça se define por um desejo e um gozo, no discurso do mestre, como já disse, desejo que todos marchem no mesmo passo e gozo de poder sobre o outro. Nesse sentido, o analista, com seu desejo de analista, seria uma outra raça? Não, não é essa a tese. O discurso analítico não fabrica nada que se pareça com uma raça e que permita dizer todos os analistas, como se pode dizer todos os mestres ou todos os homens, ele não paratoda o analista, mas apenas o analisando. Tema muito insistente sob a pluma de Lacan, antes mesmo que ele tenha elaborado a estrutura dos discursos, e isso culmina quando diz que o analista depende da lógica do *nãotodo*, em "A carta aos italianos". Mais tarde, em 1976, no "Prefácio à edição inglesa do *seminário 11*",

[10] *Ibid.*, p. 463.
[11] *Ibid.*

ele profere que só há "esparsos disparatados"[12]. É que, se o discurso analítico faz vir o falo no lugar do produto do discurso e, portanto, a castração que se verifica para todo falante é um universal; entretanto, para todo sujeito, o objeto de seu desejo e o parceiro-sintoma de sua castração são singulares, eles mesmos, para cada um, determinados por seu inconsciente.

É certo que esse discurso aplica o mesmo tratamento aos homens e às mulheres, todos sujeitos. Isso poderia parecer propício a satisfazer o desejo de paridade da época. Não é o caso do discurso do mestre, também não é o caso do discurso da histeria. Este apareceu com Sócrates, que justamente não quer ouvir falar da mulher, especialmente da sua — Lacan insiste nisso — pois não se interessa senão pelo desejo do mestre. As histéricas de Freud igualmente. Outra particularidade do discurso analítico é que ele pode produzir um desejo novo, o do analista, o que não é o caso de nenhum outro. Mas aí, tenhamos atenção para não nos dirigirmos elogios irrefletidos, porque isso coloca verdadeiramente uma questão que concerne justamente às mulheres.

Introduzo essa questão lembrando uma série de observações de Lacan que vão em outro sentido que o do universal do sujeito analisando: não há mulher senão excluída pela natureza das coisas, que é a natureza das palavras, dizia Lacan. É por isso que, eu o cito ainda de cor, há sempre algo de perdido em uma verdadeira mulher. Além disso, a mulher não tem inconsciente senão daí de onde vê o homem, como mãe. É que seu gozo outro, não fálico, do qual o Outro, lugar do significante por definição, não sabe nada, não está

---

[12]LACAN, J. (1976) Prefácio à edição inglesa do Seminário 11. In: LACAN, J. *Outros escritos*. Rio de Janeiro: Jorge Zahar Ed., 2003, p. 569.

HOMENS, MULHERES

inscrito e nem mesmo deixa traços ou, como diz um provérbio que Lacan lembrava no seminário *A angústia*, um gozo que não é causado por nenhum objeto, louco. A posição tomada por Lacan em relação ao protesto das mulheres é muito instrutiva dessa problemática. Ele observa, lembro, que "quando os discursos se mantêm firmes", dito de outra maneira, quando o mestre é o mestre, "mulheres não desdenham entrar no pelotão", e é por isso mesmo "que a dança é uma arte que floresce, [...] está no passo quem dispõe de meios"[13]. Lá ele não diz mais "estes" [ces], ele pode dizer "aqueles" [ceux], aqueles que o discurso elevou à posição de Homem com uma maiúscula. "Tomar posição" aí quer dizer que elas não se subtraem dessa ordem que só conhece o fálico. É então que Lacan acrescenta: "quando a *nãotoda* chega a dizer que não se reconhece naquelas, que diz? Senão o que encontrou no que lhe trouxe, seja..." e ele enumera então seu quadrípode dos lugares, o bípode do qual a lacuna mostra a ausência de relação e a função do falo na fabricação do casal, dito de outro modo, tudo isso em que ela não está inscrita, tudo o que no fundo indica que ela é... o Outro. Assim, Lacan divide a multiplicidade das mulheres para o que é do sexo em dois polos, aquelas que consentem em entrar na ordem fálica do gozo sexuado, inclusive a servi-la, e aquelas que se subtraem disso, não se reconhecem aí, não querem, no fundo, se consagrar aí.

Quanto à sua tese fundamental, ela se encontra formulada na página 21 de *Scilicet* 4, onde ele diz, contrariamente a Freud, que não "imporia às mulheres a obrigação de toesar pelo calçador [*chaussoir*] da castração o estojinho [*gaine*]

---

[13]LACAN, J. (1972) O aturdito. In: LACAN, J. *Outros escritos*. Rio de Janeiro: Jorge Zahar Ed., 2003, p. 468

encantador que elas não elevam ao significante"[14]. O que quer dizer que ele nota o fato de que o gozo desse órgão não está sujeito à castração, não tomba sob o golpe do efeito de linguagem. Deve, portanto, estar previsto que algumas possam não querer se casar com a castração masculina, fato ao qual ele não se objeta, pelo contrário, pois é aí que acrescenta uma observação sobre a MLF[15] da época, na qual testemunhava essa recusa no contexto dos anos 1970, teste-munhando por aí, segundo Lacan, a não relação, ainda que de modo momentâneo, eu creio, acrescentava ele.

Então, fazer entrar as mulheres na categoria do discurso, no paratodo sujeito analisando, não seria excluir sua parte *nãotoda*, ou seja, reduzi-la, excluí-la enquanto Outro, como fazem todos os outros discursos?

DISCUSSÃO

Evangelina Planas: Sobre a questão das raças, quando Lacan fala da posição dos Santos e diz "quanto mais somos santos, mais rimos" é comparável?

Colette Soler: Uma raça é constituída pelo dizer de um discurso, que da multiplicidade dos indivíduos faz um conjunto de semelhantes. Então, quando Lacan fala dos santos, eles não são uma raça, eles se tomam um por um,

---

[14]*Ibid.*, p. 465.

[15]Nota da editora: O Mouvement de Libération des Femmes nasceu durante o movimento de Maio de 1968, fundado por Antoinette Fouquée, Monique Wittig e Josiane Chanel. Um de seus propósitos, desde o início, foi explorar a libido própria das mulheres, ou libido creandi, e fazê-la exis-tir no plano político, para passar de uma sociedade "homossexuada" à "uma sociedade realmente heterossexuada". Fonte: https://www.alliancedesfe-mmes.fr/afd/mlf/

porque eles se caracterizam cada um pelas vias do escape, é seu termo, que eles tomaram em relação à ortodoxia, à via canônica de sua Igreja. E, portanto, eles são múltiplos, mas não constituem uma raça. É por isso que, quando Lacan evoca o santo em "Televisão", a propósito do analista, é tampouco uma raça que ele diz que apenas o número vai ser determinante, porque eles só são alguns na civilização, isso não vai fazer peso. Há uma coerência absoluta quando Lacan diz que as mulheres não constituem um conjunto, mas podemos contá-las, isto é, uma, uma, uma... isso pode fazer massa, número, mas não conjunto. É parecido para os santos, é parecido para os analistas. Quando há uma raça você tem um e você tem todos de algum modo. Cada um representa toda a raça.

Evangelina Planas: Sobre um outro ponto, sobre a questão da mulher, me parece que Lacan dá o exemplo de Medeia como a verdadeira mulher.

C.S.: Medeia assombra os imaginários. Por que a gente botaria ela na conta da verdadeira mulher? Porque ela está prestes a sacrificar todos os objetos, mesmo aqueles mantidos por ela. Na peça, há certa lamentação das crianças que ela vai sacrificar em sua vingança. Não é apenas o traço de extremismo. Há dois elementos em Medeia que eu desenvolvi a respeito da Izé de Claudel, em 1993, nas jornadas "Além do Édipo". Comentei que o primeiro além do Édipo são as mulheres. Portanto, em Medeia há dois traços: o da vingança feroz contra o homem, porque o homem, sendo infiel, produz o equivalente da castração para uma mulher. Vocês sabem, a tese de Freud desenvolvida em "Inibição, sintoma, angústia" é muito válida. Para as mulheres, a castração consiste em perder o amor ou o desejo que um homem lhe traz — na base da tese freudiana: elas não têm o falo, elas vão recebê-lo de um homem. E se ele recusa esse dom, é equivalente à castração. Portanto, é uma resposta de Medeia à castração, uma resposta particularmente virulenta que ilustra um extremismo feminino que seria mais desenfreado que num homem.

Há outro traço que sublinho, que é o de sacrificar os objetos. A criança é um objeto fálico, é também a tese freudiana, é o primeiro ter fálico. A mulher que se torna mãe adquire esse ter sob a forma da criança. A gente não está na dialética do ser, mas no ter sob a forma substitutiva da criança, e o fato de sacrificar o ter é efetivamente um traço do *nãotodo*. O gozo fálico vai bem com a posição de apropriação. O falicismo é parente da apropriação. O outro gozo não tem nada a ver com o ter, com a falta, o menos, o mais. Lacan insiste que não é uma questão de quantidade de gozo como Tirésias acreditava, é uma questão de heteridade de gozo, um gozo que não é quantificável, não é localizável. De súbito, compreende-se a maior facilidade em sacrificar os teres. Embora haja também uma possível avareza feminina.

Lucile Cognard: Questão sobre a internacional. Você disse todas as línguas, todos os laços sociais, será que isso concerne ao japonês em que o equívoco não existiria? Todos os laços sociais: a ditadura também, o totalitarismo? Eu amaria um esclarecimento acerca disso.

C.S.: Eu não disse que a psicanálise podia se desenvolver em todo lugar. Quando Lacan fala dos japoneses, supondo que ele tenha razão — eu tenho minhas dúvidas — é um modo de dizer que nesta língua desdobrada em duas escritas poderíamos nos dispensar do inconsciente recalcado que fabrica nossas línguas. Isso queria dizer que a psicanálise não terá possibilidade de atracar nessas zonas.

Aliás, nas ditaduras, nos regimes totalitários, sabemos muito bem que a psicanálise não pôde ser praticada em toda parte. Houve experiências suficientes a esse respeito. A psicanálise supõe que o segredo da fala possa ser guardado, logo, ela não pode ser praticada onde os analistas, escutando os analisandos, estariam sob o golpe de um possível interrogatório acerca do que eles tenham recolhido. Ouvimos estes dias, a propósito dos abusos sexuais, uma demanda de suspender o segredo da confissão. Isso não tem nenhuma chance de ter êxito, mas é o mesmo dispositivo; não se pode estar em um dispositivo de escuta privada se não há o segredo. Portanto, há circunstâncias externas em que a psicanálise não pode ser exercida, mas lá onde ela se exerce, onde há pessoas que se dizem analistas e que recebem, como tal, analisandos, a mensagem é universal. Li em um número de *Wunsch* alguém que se colocava a questão de saber se a psicanálise e o passe não seriam absolutamente outra coisa em um país distante da Europa em que se fala uma outra língua. É necessário, se queremos ser rigorosos, referir-se ao que é a psicanálise freudiana tal como Lacan a repensou, completada. Isso não impede que haja diferenças, mas não no nível dos efeitos castração da linguagem, onde estamos em um universal. Seja qual for a língua, seja qual for o lugar, as diferenças são possíveis no modo de responder, assim como há diferenças entre sujeitos, e a incidência histórica pode interferir.

Patrícia Zarowski: Você disse que o analista depende do nãotodo *e que podemos definir seu desejo e seu gozo?*

C.S.: Não, é o contrário, podemos definir o desejo e o gozo no todo, no que depende do todo *x*. No *nãotodo* é um por um.

Marjolaine Hatzfeld: Um ponto um pouco difícil de capturar: há o gozo da vida que não pode ser todo negativado pela linguagem, pelo fato de linguagem. Esse resto de gozo não negativável é que inscreve o falo, o gozo fálico?

C.S.: Quando Lacan escreve o Falo, F maiúscula, pela primeira vez, creio eu, ele diz: é o gozo impossível de negativar, logo, o gozo além da negativação, que resta porque se o gozo da vida for totalmente negativado entramos na morte.

Marjolaine Hatzfeld: Mas, ao mesmo tempo, dizemos que esse gozo fálico vem das palavras, ele é passado nas palavras da língua.

C.S.: É a tese. O gozo fálico é impensável sem as palavras. Este não é apenas o gozo do órgão enquanto órgão, porque não seria significante. O gozo fálico supõe o dizer na origem, e ele está ligado ao exercício da linguagem, aos Uns da linguagem. São gozos os Uns de linguagem, é a tese que se fala há muito tempo da coalescência entre gozo e verbo. É complicada, mas coerente. É por isso que quando Lacan o escreve nos nós borromeanos ele o coloca fora do corpo. De algum modo é um gozo estranho. O primeiro exemplo é sobre a fobia: o gozo fálico é o gozo do cavalo pelo pequeno Hans. O significante cavalo, primeiro significante que esse menino produziu para representar o gozo impensável de seu órgão, as ereções impensáveis, estranhas. Temos um eco disso em Wedekind (*O despertar da primavera*). Hans produz um significante e este significante não é simplesmente um representante do gozo, ele é um significante que se goza como tal, o que, no caso do pequeno Hans, tudo indica. Ele tem júbilo de todos os assuntos de cavalo. É isso que Lacan chama em 1975 a coalescência de dois elementos, gozo e significante.

Cathy Barnier: Uma observação, ouvimos que há sujeitos que não desejam, mas todos os sujeitos desejam. O falo escreve o gozo impossível de negativar. O gozo do órgão na mulher é também um gozo que não é negativado. Portanto, na medida em que o discurso analítico coloca o falo em seu lugar, será que ele coloca também em seu lugar o gozo não-todo?

C.S.: O gozo fálico é o que resta da negativação, ele tem seu significante, o outro gozo não é tocado pela negativação da linguagem, é do real fora do simbólico, sem significante.

QUATRO

10 de janeiro de 2018

É necessário, portanto, retornar à relação das mulheres com o discurso. A relação com o sexo *a priori*, isto é, com o falo *a priori*, gera, mantém nas mulheres, se acreditamos em Freud, um sentimento de menor valor, e gera paralelamente a exigência da justiça distributiva, ou seja, a cada um uma parte ou um tratamento igual. Entretanto, os protestos contra as desigualdades e a evolução da civilização em direção às igualdades de direitos e, além disso, em direção à paridade contemporânea, são desenvolvidos primeiramente no campo socioprofissional, o das classes sociais, cf. Marx, e isso bem antes de se infiltrar no campo das relações sexuais. É porque essas reivindicações igualitárias repercutiam no nível ideológico os efeitos da ciência e sua produção de um novo sujeito, o sujeito da ciência, um universal, ignorando justamente a diferença dos sexos e ao qual Descartes, segundo Lacan, deu a fórmula filosófica. Todavia, de fato, essas reivindicações convêm às mulheres e ainda mais porque elas se tornaram as instigadoras, para além das lutas sociais, da igualdade sexual. Será necessário, contudo, precisar como ambos os campos se articulam entre si. Começo pela questão geral.

As mulheres civilizadas?

Do lado de Freud

Conhecemos as teses de Freud dizendo que as mulheres não são os agentes do progresso da civilização, que sua libido, digamos, se inscreve em falso. Elas têm provocado suficiente indignação. Sobre o que se fundamentam essas teses freudianas? Sobre isso que Freud colocou em evidência da função falicisante que tem para uma mulher o amor de um homem, leia-se: o amor que ele lhe tem. Ela não tem o falo — inveja e protesto — mas ela espera recebê-lo pelo desejo e o amor de um homem. Donde a dobra de suas expectativas sobre a esfera privada, a da família conjugal em sua época, o que ele nomeava em um momento a lógica dos *quenelle*[1] e outros assuntos domésticos. É aí que se joga para elas o que é a castração para o homem, tese de "Inibição, sintoma, angústia". De onde também o veredito totalmente antiprogressista que comentei demoradamente em meu livro[2], opondo-o ao de Balzac, que tira conclusões totalmente inversas às de Freud sobre *A mulher de trinta anos*. Para Freud, nessa idade, tudo está decidido para as mulheres, terminado, portanto, em matéria de relações de objeto e de gozo. Vou lembrar seus termos exatos em suas "Novas conferências introdutórias à psicanálise", no artigo intitulado "A feminilidade":

> Um homem, nos seus trinta anos, parece-nos um adolescente, um indivíduo não formado, que esperamos faça pleno

---

[1]Nota da editora: Quenelle — bolinho típico da culinária francesa, de formato cilíndrico, que usualmente é relacionado ao formato do pênis.
[2]SOLER, C. *O que Lacan dizia das mulheres*. Rio de Janeiro: Jorge Zahar ed., 2012.

uso das possibilidades de desenvolvimento que se lhe abrem com a análise. Uma mulher na mesma idade, porém, muitas vezes nos atemoriza com sua rigidez psíquica e imutabilidade. Sua libido assumiu posições definitivas e parece incapaz de trocá-las por outras. Não há vias abertas para um novo desenvolvimento; é como se todo o processo já tivesse efetuado seu percurso e permanecesse, daí em diante, insuscetível de ser influenciado — como se, na verdade, o difícil desenvolvimento na direção da feminilidade tivesse exaurido as possibilidades da pessoa em questão.[3]

Estamos verdadeiramente aí na clínica diferencial, não é? Aquela que Freud começou a construir escutando as mulheres de sua época. Podemos questionar: é preconceito de Freud ou marca de um tempo em que a maioria das mulheres não se realizava senão no quadro da família, da relação com o homem e as crianças? Não é impossível que a figura de Martha Freud tenha pesado um pouco na balança.

Todavia, para ser justa com Freud, é preciso lembrar sua observação do fim do artigo, onde ele diz: "Mas não se esqueçam de que estive apenas descrevendo as mulheres na medida em que sua natureza é determinada por sua função. É verdade que essa influência se estende muito longe; não desprezamos, todavia, o fato de que uma mulher possa ser uma criatura também em outros aspectos"[4]. A expressão sobressalta um pouco, mas ela marca, com efeito, um corte que vale para todos os falantes entre, de um lado, a realidade do sexo e, do outro, a que chamamos o sujeito,

---

[3]FREUD, S. (1933) Conferência XXXIII: feminilidade. In: FREUD, S. *Obras completas de Sigmund Freud*. Rio de Janeiro: Imago, 1996, volume XXII, p. 133-134.
[4]*Ibid,* p. 134.

a do ser socializado. É seu modo de dizer a diferença entre o que chamamos de sujeito e, por outro lado, seu corpo de gozo sexuado.

Do lado de Lacan

Vou recomeçar daí. Todo sujeito enquanto tal se inscreve na função fálica. Ele aí se inscreve porque, falante, cai sob o golpe da linguagem e de seus efeitos *a priori* com o semblante fálico e o gozo fálico ligado ao verbo, já o disse, que exclui a relação sexual. E Lacan diz que as mulheres não estão, de jeito nenhum, na função fálica. A esse respeito, há aparentemente igualdade. Quanto a seu gozo, há duas questões: como concebê-lo e como situá-lo em relação à ordem do discurso, dito de outro modo, à civilização?

Eu tenho dito, frequentemente, que o gozo outro não é uma descoberta de "O aturdito", mas já estava evocado nas "Diretrizes para um Congresso sobre a sexualidade feminina" como um gozo "envolto em sua própria contiguidade"[5], e no seminário *A angústia*, um gozo real que não cai sob o golpe da marca linguageira diferente da fálica. E Lacan conclui, juntando uma intuição que vem do fundo dos tempos, em todo caso da Antiguidade grega, que é pelo seu gozo sexuado, ou de preferência, pelo gozo sexuante de seu corpo, todo ou não todo fálico, que se diferenciam os sujeitos enquanto homem ou mulher. Para uma mulher, o não pênis, déficit se preferirmos, condiciona o possível gozo suplementar que é o seu. Ora, a linguagem e os discursos, sejam quais forem, mesmo o analítico, só inscrevem

---

[5]LACAN, J. (1958) Diretrizes para um Congresso sobre a sexualidade feminina. In: LACAN, J. (1966) *Escritos*. Rio de Janeiro: Jorge Zahar Ed., 1998, p. 744.

o gozo fálico e o mais-de-gozar. Como conceber, portanto, um gozo outro?

A questão colocada a partir de então, e é aquela que se subentende em toda a elaboração de "O aturdito", é a de saber se e como essa heteridade do gozo da mulher, que não é programada nem pela linguagem nem pelo discurso, se conecta ao fato de ser falante, se conecta ao que ele nomeia no *Mais, ainda*: "o ser da significância"[6]. É evidentemente uma questão crucial na hipótese lacaniana do efeito da linguagem que faz o ser falante, e a própria questão provém da hipótese de uma linguagem operadora que afeta o indivíduo. Lacan demonstrou que não há dificuldades para atribuir à linguagem o gozo fálico que tem a estrutura do significante, que está em toda parte em que há um traço unário. Mas, para esse outro gozo insituável na linguagem, não se poderia ser tentado a atribuir sua heteridade à natureza, à sua natureza de fêmea, posto que a diferença sexual dos organismos vem da natureza? Quando Lacan diz que na Antiguidade as mulheres reclamavam seus devidos, isso parece bastante a evocação de uma natureza sexuada. Tanto que ele pôde dizer, como eu tinha comentado, que podemos perguntar se a mediação fálica drena tudo que é pulsional na mulher, sobretudo o instinto materno (como era a tese de Freud), e ele acrescentava "que tudo o que é analisável é sexual não implica que tudo que é sexual seja acessível à análise"[7]. Um modo de já introduzir o fora linguagem. Em "O aturdito", Lacan tenta precisar o laço do outro gozo à

---

[6]LACAN, J. (1972-1973) *O seminário: livro 20: mais, ainda*. Rio de Janeiro: Jorge Zahar Editor, 1985, p. 96, aula de 20 de fevereiro de 1973.
[7]LACAN, J. (1958) Diretrizes para um Congresso sobre a sexualidade feminina. In: LACAN, J. (1966) *Escritos*. Rio de Janeiro: Jorge Zahar Ed., 1998, p. 739.

significância: ele não é inscrito sob um outro significante senão o do falo, mas a linguagem preside mesmo assim duas lógicas e, para os sujeitos, dois modos de aí se relacionar. Temos, portanto, uma única função, a fálica, inerente à linguagem para os dois lados, tese de origem, mas, graças à exceção, de um lado há limite à função e do outro não, o que quer dizer que de um lado ela é consistente e do outro não. Tal é a resposta de "O aturdito". Evidentemente, o fato de ela se ordenar na lógica do *nãotodo* não significa que ela seja produzida por essa lógica, não mais que as ereções do pênis do menino, aliás; "o acontecimento de corpo" é sempre real enquanto tal, mas os falantes não podem fazer menos do que situá-lo no discurso e na linguagem. Que o outro gozo "habite" a lógica do *nãotodo* fálico, é o termo de Lacan, não implica que ele seja produzido por essa lógica, ele se coloca aí, ele coloca aí seu real.

Consistência ou não

Como se distingue, não em termos de gozo, mas em termos de lógica, a dissimetria entre os dois lados da sexuação, o $\exists x$ não $\Phi(x)$ e o não $\exists x$ não $\Phi(x)$?

O que condiciona o "ex-siste" de um dizer que não o condiciona? "O aturdito" precisa-o na página 16 de *Scilicet* 4. Essa exceção "É apenas um modo de acesso sem esperança à relação sexual"[8]. Quem pensou que a exceção podia ser modo de acesso à relação senão o Freud de "Totem e tabu", com sua fantasia de todas as mulheres para o Pai original? — é por isso que Lacan diz que esse texto é um produto da neurose de Freud. Aqui a neurose imaginariza a exceção.

---

[8]LACAN, J. (1972) O aturdito. In: LACAN, J. *Outros escritos*. Rio de Janeiro: Jorge Zahar Ed., 2003, p. 459.

Portanto, a exceção lacaniana do "dizer que não" não é o Pai de "Totem e tabu", mesmo se podemos depois dizer que ela se busca aí e que é isso que a fantasia freudiana comporta de verdade.

Entretanto, ela é "necessária para finalizar a consistência do suplemento que ela faz disso, e fixar o limite em que este semblante não é mais que des-senso". O suplemento é a função fálica, como já disse. Se ela finaliza a consistência da função, é muito claramente porque a função que faz suplemento estava aí antes de seu acabamento; porque a exceção do "dizer que não" intervém secundariamente para lhe dar consistência. Tenho insistido sobre esse ponto e sobre a inversão em relação à metáfora. Eu relembro que em um sistema lógico a consistência é o que permite a cada proposição do sistema demonstrar, seja sua verdade, seja sua falsidade. É um ou outro, mas essa consistência está sempre apensa a uma proposição de exceção, aproximada com a noção de axioma que não é demonstrada, que está, portanto, fora do sistema que ela funda e limita como acabado. Da mesma forma, o dizer de exceção fazendo limite à função fálica constitui em conjunto consistente os x que se classificam, e, desde então, clinicamente, para todos e em todos os casos, há castração, isso sem exceção, e o gozo é fálico. Eu poderia acrescentar sem exceção a esperar.

Em seguida, eu sublinho a expressão "do suplemento que ela faz disso". Se levamos a sério, é a exceção que eleva a função fálica a seu papel sexual, o de, ao mesmo tempo, objetar-se à relação e no entanto amenizar sua falta, o que formulei dizendo que ele funciona como uma cópula entre o que está sujeito à castração e um parceiro sexual eventual. Qual parceiro? É o inconsciente que decidirá. Com esse limite, o semblante fálico não é mais que des-senso, diz Lacan. O "de" é privativo, o que indica, portanto, que ele perde, com efeito, todo sentido... sexual, ou que ele tem o sentido da não relação. Lacan formula-o precisamente como tal um pouco mais abaixo. De súbito, o que vai operar — subentendido para constituir um parceiro, parceiro ab-sexo de qualquer modo — é o equívoco significante. "Nada opera, portanto, senão o equívoco significante" e a fantasia; é por isso que eu evocava o inconsciente.

Porém, o parceiro não é forçosamente hétero, mostrei isso faz tempo, o todo fálico não compromete a escolha de objeto, posto que Lacan coloca desse lado tanto os homossexuais machos e as histéricas fêmeas quanto alguns místicos na relação com seu deus. Isto se confirma claramente um pouco mais adiante no texto, na p. 35: a psicanálise se passa "de qualquer *savoir-faire* dos corpos"[9], e ele evoca "uma sexualidade de metáfora, metonímica à vontade por seus acessos mais comuns, aqueles ditos pré-genitais, a serem lidos extragenitais"[10].

Quando não há esse limite, a função fálica permanece necessariamente inconsistente. $\Phi(x)$, nenhum sujeito não está aí absolutamente na função, porém alguns estão não todos. O "não $\forall x$" se aplica de uma só vez a cada sujeito que pode ser *nãotodo* e à multiplicidade das mulheres *nãotodas*... mulheres. Inconsistente: o que isso quer dizer em relação à castração? Bem, que ela é certamente possível, $\Phi(x)$ a inclui, mas não é garantida em todos os casos; de qualquer modo, sua inelutabilidade não é demonstrável ou dito de outro modo: não podemos demonstrar que seja impossível suspendê-la. A partir de então, não estamos no

[9] *Ibid.*, p. 479.
[10] *Ibid.*, p. 479.

conjunto finito, porém no transfinito, como com a série dos números inteiros na qual a questão do limite se coloca. Ali onde a função castração está suspensa, ali onde está o gozo outro, qual é o parceiro? Não haveria possivelmente um parceiro que faça relação? Ali o que se esclarece, eu penso, é o empuxo-à-mulher de Schreber, que Lacan re-evoca e que tem por modelo a pseudo-relação criada pelo suplemento fálico e também a mística, que todavia não é a mesma coisa. Não entro na questão, vou voltar a isso mais tarde. Daqui eu retorno à questão do lugar das mulheres nos discursos, tais como escritos por Lacan.

No discurso

Quanto à segunda questão: o lugar das mulheres nos discursos como ordem social e, portanto, como ordem dos gozos. As mulheres enquanto sujeitos não estão fora da ordem discursiva dos dois gozos inscritos no quadrípode. Poderíamos então tentar colocar sua diferença de gozo na estrutura do discurso analítico, posto que tudo que se diz disso vem dele? Este se escreve:

$$\frac{a}{S_2} \longrightarrow \frac{\$}{S_1} \qquad \text{Os lugares são: } \frac{\text{o agente}}{\text{a verdade}} \longrightarrow \frac{\text{o outro}}{\text{o produto}}$$

"a" é a questão do gozo, $\$$ o sujeito efeito de linguagem assujeitado à tarefa de dizer o gozo, sob a barra à direita aquele que se diz para todo sujeito, a fálica e os mais-de-gozar, à esquerda, lugar chamado da verdade, o saber do gozo próprio a cada um. O que se escreve S_2 é o saber inconsciente que determina o gozo de um falante, gozo não parecido a nenhum outro, mas que se decifra, no entanto, em termos de significantes, os da fantasia e do sintoma. Reunimos aí os conceitos freudianos. É do gozo que em todos os casos não faz relação sexual. Onde localizar o outro gozo? Ele não pode vir senão a esse mesmo lugar do gozo singular, mas ele não se decifra em termos significantes, eu pude dizer que o inconsciente não sabe nada dele. Ele se escreveria de preferência nesse lugar, S_2 zero, $S_{2\,0}$. O Outro não sabe nada dele, diz o *Mais, ainda*. É a suspensão do gozo ligado ao significante. Um furo que desafia o saber do inconsciente-falasser pois não se diz e, como evocado ironicamente em "O aturdito", "de tanto falar, não é grande coisa o que é dito por ele"[11], precisa Lacan, de fato, nada da relação, e eu acrescento, nada do outro gozo. É nesse nível, com efeito, que se pode dizer que ele não tem inconsciente, porque o inconsciente-linguagem o declara fora de questão. É por isso que vocês lerão no *Mais, ainda* a frase seguinte: só há uma maneira de "escrever 'a' mulher sem ter de barrar o 'a' — é no nível em que a mulher é a verdade"[12]. Compreende-se, desde então, que a verdade articulada em significantes é ela própria barrada, *nãotoda*, posto que sempre meio-dita.

Podemos assim situar na escrita dos discursos, para as mulheres, de uma só vez sua paridade e sua diferença de mulheres, que se repartem de cada lado do discurso. Essa diferença suspende no lugar da verdade o império exclusivo da norma fálica. Eis aí como satisfazer as feministas. A paridade fálica é o que as faz participar como sujeitos na civilização em igualdade com os homens, a diferença eventual de seu gozo *nãotodo* é o que as "entrincheira" nisso, segundo um termo de "O aturdito" que merece ser comentado.

---

[11] *Ibid.*, p. 468.
[12] LACAN, J. (1972-1973) *O seminário: livro 20: mais, ainda*. Rio de Janeiro: Jorge Zahar Editor, 1985, p. 141, aula de 10 de abril de 1973.

Não há mulher senão excluída pela natureza das coisas, que é a natureza das palavras, diz Lacan no *Mais, ainda*, porém a exclusão não é o entrincheiramento.

Lacan marcou uma barreira ao escrever o estágio inferior do discurso, ou seja, uma heterogeneidade entre o gozo regulado pelo discurso e a verdade do gozo que distingue cada indivíduo.

$$\frac{a}{S_2/S_{2\,0}} \longrightarrow \frac{\cancel{S}}{\Phi\,(+J)}$$

Diferença	paridade
A mulher	$\cancel{S}$ apalavrado

"O aturdito" formula que o fálico "se entrincheira" do que se entrincheira do fálico. Cito: "Em suma, flutua-se em torno da ilhota falo, na medida em que nela se busca trincheira do que dela se trincha"[13]. O que se entrincheira é evidentemente o outro gozo. Seríamos, portanto, tentados a escrever, a confundir o entrincheiramento com a barreira estrutural e colocar que é sua verdade que se entrincheira do fálico.

Porém, isso seria se precipitar, pois não é o caso, o entrincheiramento se situa do lado da verdade.

De fato, o fálico nessa escrita não está apenas à direita, no lugar da produção. Ele está nesse lugar, mas, para dizê-lo de forma condensada, enquanto identificando o sujeito, ele é a chave de todas as suas outras identificações, a começar por aquela do ideal do eu. Porém, à esquerda, no lugar da

---

[13]Nota da editora: A frase "Bref on flotte de l'îlot phallus, à ce que'on s'y retranche de ce qui s'em retranche" não consta na versão do texto *O aturdito* na edição francesa ou brasileira de *Outros Escritos*. A frase pode ser encontrada na *Scilicet*, 1973, no. 4, disponível em: https://seminariosdelacan.com.br/wp-content/uploads/2017/10/Letourdit-1972.pdf

verdade dos gozos que suprem a relação que não há, o gozo fálico está aí igualmente localizado, porque "ele parasita todos os outros gozos". Os outros, quais? Aqueles situados desde o começo da psicanálise na fantasia e no sintoma, e a partir de então estes que passam pela linguagem e seus Uns de significante, o gozo fálico aí está. É aí que nos entrincheiramos do que se trincha disso.

$$a \longrightarrow \text{\AA}$$

$$S_2 \text{ /entrincheiramento } S_{20} \qquad \| \qquad \Phi \, (+J)$$
$$\text{Diferença} \qquad\qquad\qquad \text{paridade}$$

Esse termo poderia ser evocador das guerras de trincheiras de sinistra memória, mas não é sobre essa linha de metáfora de guerra dos sexos que Lacan se localiza, mas sobre uma outra metáfora. Ele diz "a ilhota" fálica, o gozo que emerge, portanto, do mar do *nãotodo* fálico, e ele evoca as manobras navais. Por que a metáfora do sólido e do líquido? Porque se trata de uma distinção a ser feita entre, de um lado, o caráter finito e constante do gozo fálico inerente ao significante que o termo ilhota, espaço fechado, evoca, e do outro lado, o caráter infinito do que não é fálico e que o mar, ele próprio infinito, evoca. O entrincheiramento seria, portanto, de preferência localizado no lugar da verdade, que é dividida entre aquela do saber inconsciente e aquela que não passa ao saber. Dito de outra maneira, entre o que pode se articular em significantes, o inconsciente-linguagem, e essa foraclusão do inconsciente-linguagem que é o outro gozo, que faz o Outro e da qual o inconsciente-saber não diz nada.

$$S_2 / \text{ entrincheiramento } S_{20} \qquad \| \qquad \Phi \, (+J)$$

Então, por um lado, hoje sabemos que Freud se enganou quanto à desvantagem civilizacional que ele supôs às mulheres e constatamos que, aí onde a igualdade de direitos ganha terreno, suas contribuições não são menores que a dos homens. A tese freudiana poderia até ser invertida se, como desenvolvi no ano passado, mais que os gozos padrões produzidos pelos discursos e que os apalavrados aos discursos compartilham, forem as verdades particulares dos gozos, sempre um pouco dissidentes, que estão cheias de inovações nos laços sociais — posto que nossa hipótese é que são os gozos e suas repercussões subjetivas que comandam o pensamento, assim como as ações. Mas, por outro lado, no nível da sexualidade, desde Lacan, com o outro gozo, a multiplicidade das mulheres se divide, ela própria, entre aquelas que querem se juntar ao que faz thomem e as outras. Em "O aturdito" lê-se: "O gozo que a feminilidade furta, mesmo que venha juntar-se àquilo que produz thomem"[14]. Esse "mesmo" nos diz que ele não se junta forçosamente ao que faz thomem, o que divide as mulheres em dois grupos. As mulheres de homens, como se diria homens de mulheres — mas é uma outra nuance — e aquelas que passam sem. Aquelas que não apenas dizem não se reconhecer naquelas que entram na dança do falo mestre, mas que além disso conjugam seu gozo a um outro parceiro. Conhecemos o das lésbicas, Lacan acrescentou o dos místicos, Deus, e o das mulheres psicóticas, o Homem com uma maiúscula. Muitos pontos sobre os quais retornar, mas que já indicam a grande variedade de perfis.

Não seria excessivo dizer que Lacan dá a todas, de algum modo, direito de cidadania, direito analítico, e ele as verteu

---

[14]LACAN, J. (1972) O aturdito. In: LACAN, J. *"Outros escritos"*. Rio de Janeiro: Jorge Zahar Ed., 2003, p.467.

em apoio de seu "não há relação sexual". Sublinho, entretanto, que não me parece até agora que ele dá razão às reivindicações igualitárias das feministas.

O interesse das mulheres?

Percebe-se pelo menos em duas de suas proposições ditas na ocasião. Marx só cometeu um erro: o de incitar as mulheres a rivalizar com os homens. E por que seria um erro, senão porque, na igualdade, elas sacrificam sua diferença de gozo? E depois ele diz, segunda proposição, que supõe terem sido as mulheres que inventaram a linguagem. Estranho, não é? Inventar a linguagem é inventar o falo, e se for como ele diz, é porque elas têm interesse nisso. Isso porque seus encantos devem muito à linguagem. Isso quer dizer que é a linguagem que permite ao desejo do homem tomá-la por objeto, mas a falta fálica está dos dois lados e condiciona também que seja desejada e a conjunção eventual de seu gozo ao do homem. De fato, a linguagem, mais precisamente o falo, é a chave de seu poder de atração sexual — lembremo-nos do ser ou ter o falo —, a falta fálica estando na origem do falo sublime que elas podem se tornar quando são investidas pela idealização amorosa de um homem. Se aproximamos as duas proposições, é preciso concluir que no nível sexual as mulheres não têm interesse na igualdade que faz delas pares em relação ao homem, na medida em que é sua disparidade fálica que as constitui em objeto — ao menos que sua paridade não as coloque no mesmo plano que um parceiro homossexual de um homem.

Eu me interrogo, portanto, sobre isso em que as mulheres têm interesse, mas evidentemente a questão se coloca: quem pode dizê-lo? As diversas figuras que evoquei dariam a pensar que elas não têm, talvez, todas os mesmos interesses. Manifestamente, entretanto, Lacan não hesita em se pronunciar sobre o tema e ele positiva suficientemente o gozo suplementar para não pensar que o ganho da igualdade tenha peso. Vale lembrar, aliás, de suas proposições em *A angústia*, que diziam das mulheres mais reais... e mais livres, elas que os séculos têm assujeitado. Era o mesmo paradoxo para a psicose: o homem livre, livre das cadeias discursivas. Igualmente, aliás, para a maternidade, ele tem uma outra avaliação que a de Freud, sublinhando nas notas para Jenny Aubry que a mãe, para a criança, tem essa possibilidade que falta ao homem de ver surgir "no real [...] o próprio objeto de sua existência"[15]. É de um alcance totalmente outro que o da tese clássica, que faz da criança um substituto do ter fálico. Enfim, ele afirma ainda, falando do casal heterossexual, que não basta para o homem satisfazer a exigência do amor, e que isto a que ele pode "servir de meio" é ao gozo dela. E eis aí que o servidor mudou de lado. Voltarei a isso. Tudo isso deixa a entender que, além de ter diagnosticado um pouco mais que Freud a disparidade entre os sexos quanto ao gozo, pois bem, Lacan sustenta essa disparidade, ele fala, mesmo no *Mais, ainda*, do interesse que devemos ter pelo Outro radical, para a Diferente que ele evoca em algum lugar, como se fosse no fundo um valor.

Isso gera elogios bastante engraçados das mulheres, em minha opinião. Engraçados porque toda opinião vem de uma perspectiva privada, de um ponto de vista que tem suas raízes pulsionais. Dito de outra maneira, é mais indicativo daquele que fala do que daquele sobre o qual fala. Então, esse Outro de tal modo outro na linguagem, isto é, na série dos Uns de significantes, não pode ser situado aí a não

---

[15]LACAN, J. (1969) Nota sobre a criança. In: LACAN, J. *Outros escritos.* Rio de Janeiro: Jorge Zahar Ed., 2003, p. 370.

ser como um (-I) que falta, portanto, e a partir daí "tudo pode ser dito disso". Cada um poderá concluir segundo seu desejo, como é sempre o caso. Podemos difamá-la e não nos privamos disso; podemos, ao contrário, acreditar nela, acreditar que o feminino é a revolução permanente. Lacan sublinha que estruturalmente, segundo a lógica dos conjuntos, esse Outro — Lilith talvez, ou a Deusa branca, cara a Robert Graves[16], que faz sonhar — é uma face de Deus, o impredicável. Mas observem que, para o que é de Deus, quando se trata do nomeado Deus-pai, temos pelo menos os textos bíblicos vindos de muito longe nas origens. Para a Diferente, nada disso: apenas lendas e fantasmagorias. É que há diferenças e diferenças. Os significantes de natureza diferencial são tanto Uns diferentes quanto similares. Falsa diferença, relativa de algum modo, que não deve ser confundida com a "diferença absoluta" que Lacan evoca, que só pode ser concebida como ligada a um Um de significante fora da cadeia, fora da maré do diferencial de *alíngua*. O Um do conjunto, o Um-dizer sem o qual não haveria linguagem, difere ainda disso, ele é o Um sozinho, como me exprimi, pois o dois que seria o do sexo lhe é inacessível (-1). Enfim, há a radicalmente diferente que difere muito da "diferença absoluta" que a análise promove. Será preciso portanto voltar ao tema das mulheres e, especificamente, em análise.

DISCUSSÃO

Sophie Henry: Volto a uma frase de Lacan que você citou: a mulher não encontra o homem a não ser na psicose. Então,

---

[16]GRAVES, R., *Les mythes celtes: La Déesse Blanche*, Monaco: Éd. du Rocher, 1979.

pode-se deduzir disso que ela não o encontra na neurose? Entretanto são as mulheres que também querem se juntar ao que faz thomem...

Colette Soler: Está claro no texto de Lacan. A mulher encontra o Homem, com um H, na psicose, os outros elas encontram um homem, um, seu homem. Não é a mesma coisa.

Nelly Guimier: Será que é porque as mulheres estão também no gozo fálico que Lacan se opunha ao que Antoinette Fouque dizia, que há dois sexos? É uma partição, mas não são dois diferentes. Sobretudo quando, com Serge Leclaire, ela escreve "Não dois" em resposta à oposição de Lacan a que eles mantivessem um seminário na escola.

C.S.: Eu estava na referência que ele toma emprestado a Simone de Beauvoir, *O segundo sexo*, e é isso que ele recusa, e ele recusará qualquer um que falar: há dois.

O sexo está do lado da mulher. Do outro lado, está o a-sexual, o des-senso. Quando ele diz que, de fato, do lado do todo há de-senso do semblante fálico, isso quer dizer que ele perde seu sentido sexual. Busca-se um objeto, mas ele é ab-sexo. Está na tradição clássica do século XVII: as pessoas do sexo são as mulheres.

Ana Réclos?: [Incerteza sobre o nome] Você poderia comentar em relação à controvérsia a propósito do manifesto publicado no Le Monde de mulheres que defendem a possibilidade de sedução... Será que enquanto lacanianos podemos estar de acordo com o manifesto assinado por artistas e intelectuais que dizem que, em favor da liberdade, haveria o interesse de não castrar demais as pulsões? Tem relação com isso que você falou hoje ou não?

C.S.: É mais complicado. Nessas questões, é necessário distinguir os campos. Há o campo do social, socioprofissional, e há o campo sexual, que Lacan chama com um termo bem preciso: "o campo fechado do desejo".

No que você evoca, é convocado o que se passa nas relações homem/mulher no campo social. Isso muda muito. A psicanálise se ocupa do campo fechado, o qual não está no terreno das reivindicações sociais: as mulheres menos pagas em postos iguais etc. É certo que aí há abuso de poder.

Lucile Cognard: Você poderia dizer mais sobre o gozo outro? Primeiro, há um a priori que afirma que este gozo outro seria orgásmico. Tenho a impressão que é de preferência para ser colocado do lado do gozo do vivo, do ser no mundo. Para esclarecer, será que a dor de existir, a dor de viver, poderia estar no mesmo plano lógico, pelo fato de seu não laço ao significante, inacessível pelo significante e no entanto bem operante?

E uma segunda questão: Lol V. Stein, seria o gozo outro que a anima, do qual ela chega a fazer alguma coisa em uma dialética com sua antiga amiga de infância e seu amante, ela desencadearia toda uma "coisa" de concatenação libidinal?

C.S..: Não podemos falar do gozo outro a não ser ali onde está o ser da significância, posto que ele é outro relativamente ao fálico. Quando Lacan se coloca a questão "será que há um gozo da vida, da planta, do gato", ele lança um olhar alhures, do lado do real fora da linguagem. Lacan colocou um certo místico, Angelus Silesius, do lado do todo fálico, não São João da Cruz, não Santa Teresa. Por quê? Por causa da função do olhar, central entre ele e Deus. Não vejo como colocar Lol V. Stein do lado do outro gozo — apesar da aspiração a fazê-lo que se percebe em muitos comentários —, porque, se seguimos o modo como Lacan comenta o caso — em termos de sujeito e objeto *a*, entre sujeito e olhar e não apenas para o homem —, Lol V. Stein está do lado do fálico.

Régine Chaniac: Você disse que é preciso distinguir bem o campo sexual e o campo social, e, no entanto, quando você retoma as observações de Lacan sobre as reivindicações de igualdade, se está ainda no campo sexual? Para mim, quando falamos de igualdade homem/mulher, estamos no campo social.

C.S.: É uma observação que ele fez de passagem. O campo fechado do desejo está em um campo social, eles estão em contiguidade, se posso dizer. Não penso que Lacan teve a ideia de criticar os progressos da igualdade das mulheres, nada em seu ensino nos deixa pensar nisso. Lacan era pelo desenvolvimento das mulheres na sociedade, mas ele pensa que a paridade social não pode se traduzir em paridade sexual. No nível do desejo sexual, uma mulher não é desejada como par, mas como outro, diferente, não seria senão pelo fado de ela não ter o pênis, é a falta do pênis que a faz objeto.

Marjolaine Hatzfeld: A fórmula "o campo fechado do desejo" se encontra em "A significação do falo", eu creio. Ela é retomada mais tarde?

C.S.: Acredito que não, mas ela permanece válida. O que isso quer dizer? É neste ponto onde a relação sexual se desenvolve. Como sempre, em Lacan, há mais que uma referência clínica, uma referência estrutural. Ele estava em vias de construir seu grafo, e em seu grafo o campo fechado do desejo poderia se situar entre as duas linhas.

Anaïs Bastide: A função fálica está aí, o "dizer que não" intervém de modo secundário. Você teria colocado Joyce do lado do não-todo? Você falou de uma pseudo-relação.

C.S.: Eu insisti em dizer que a função fálica está lá em Joyce, e ele tem relação com um parceiro — singular, é verdade.

CINCO

24 de janeiro de 2018

Abordar a diferença homem/mulher para os dois gozos, ou seja, para o que é chamado de genitalidade, é diferente de se interrogar sobre a subjetividade dos sujeitos. É necessário precisar em que campo estas questões se localizam. Não é no campo social regulado pela ordem de um discurso, mas no que Lacan chamava à época de "o campo fechado do desejo"[1], em que se coloca a relação sexual, ele acrescentava, ou seja, a relação entre os corpos sexuados organizada a partir do significante fálico. É aí que opera a maldição sobre o sexo. Lacan situava esse campo fechado em seu grafo do desejo, mas pode-se hoje colocar a questão de saber como situá-lo nas elaborações posteriores entre o *a priori* e o *a posteriori* de que fala Lacan, entre o *a priori* da pré-atribuição sexuada, que não basta para decidir os desejos e os gozos efetivos a vir e, de outra parte, a função que a ordem dos laços sociais lhe dá *a posteriori*, variável segundo as culturas e a história. Este "campo fechado" do qual Lacan não reteve no fundo a expressão além do texto em que o introduz, permanece, no entanto, presente mais além. Por exemplo, quando ele diz

---

[1]LACAN, J. (1958) A significação do falo. In: LACAN, J. (1966) *Escritos*. Rio de Janeiro: Jorge Zahar Ed., 1998, p. 698.

que os casos de amor, os verdadeiros, "são clivados de todo discurso estabelecido"; em seu comentário sobre Wedekind, *O despertar da primavera*; também quando ele fala do privado e de como o púbis vai ao público. Foi no púbis que toda uma tradição colocou a famosa folha de parreira, e é também ele que permaneceu acantonado, para não dizer segregado, pelo discurso tradicional, nos lugares reservados: bordéis, clube privado, inclusive o quarto dos pais. Esse púbis, que, é notável, evita designar a diferença dos sexos, é ele que o impudor de nossa época se vangloria de exibir sem folha de parreira, no teatro, na pintura, na foto, como se suprimir esse véu do pudor fosse uma performance subversiva própria a produzir o novo, a revelar enfim alguma coisa. Mas, como na educação sexual das crianças, isso não revela nada do que está em questão, a saber, o mistério do gozo. Ora, é isso que está em questão na psicanálise, embora com a noção de "campo lacaniano" Lacan tenha trazido, com sua elaboração da estrutura dos discursos, a questão que Freud tomava como o essencial no nível do sexual até o nível da sociedade.

Esse ponto me parece importante por duas razões. De um lado, ele nos impõe, para o sexual, não o levantamento do véu, mas a construção das coordenadas do que opera realmente para fazer casal dos gozos; por outro lado, para o social, ele deveria orientar nossos comentários políticos sobre a época. Começo pelo segundo ponto.

O sexo no Campo lacaniano

Há uma antífona hoje em dia na psicanálise que toma por adquirido o declínio do pai. Entretanto esse é o declínio do pai funcionando como mestre, em particular, mestre da família. Esse declínio é um efeito a longo prazo da ciência, que, universalizando o sujeito, incide contra as hierarquias que instauram os discursos. Fim do patriarcado, portanto, que era a confusão entre o falo "me'ser" [m'être] do sexo e o mestre político. Se tomamos isso por adquirido, e eu estou de acordo, é preciso se perguntar o que isso muda na relação sexuada dos corpos que se joga no campo fechado do qual o leito é, de algum modo, o símbolo. Esse declínio muda muito na sociedade, certamente no nível da relação com as autoridades, com o próprio estado, também na relação com os diversos saberes, mas sobretudo na relação com a ordem familiar à qual 1968 se ateve. A questão é saber se isso implica uma mudança quanto ao que rege a sexualidade, o que regula desejos e gozos sexuais, ou seja, o que o discurso comum relegava ao "privado". Esse privado era o espaço do campo fechado. Como situá-lo, ele que foi tabu, mas que não é mais nem tabu, nem privado, entre o *a priori* e o *a posteriori* dos quais falei, entre o *a priori* da pré-atribuição sexuada que não é suficiente para decidir o exercício sexual a vir e, de outra parte, a função que os discursos-laços sociais lhes dão, inclusive lhes impõe *a posteriori*? Esse *a posteriori* determina bem pouco do real do sexo, apenas seus semblantes, o que Lacan nomeava em uma época, a propósito das mulheres, suas "imagens e símbolos", ou seja, o que ele designa lindamente em "Televisão", e sempre a respeito delas, por "ares de sexo". Podemos generalizá-los, são aqueles que é preciso se dar por estarem no "*a*" do discurso e do casal da época, para se mostrar, para fazer semblante de homem ou mulher de seu tempo.

O real da lógica

Mais precisamente, eu coloco a questão: será que o fim do pai-mestre[2] — para evitar equívocos, doravante vou usar

---

[2]Nota da editora: A expressão "pai-mestre" em francês (*pére-maître*) é homófona a permitir (*permettre*).

mestre-pai — significa o fim da possibilidade da exceção do "dizer que não" que Lacan substituiu ao pai do Édipo? Isso não era para reanimar esse pai do Édipo, e cada vez que falamos do "dizer que não" como sendo a função pai, criamos a confusão. Tal exceção, com efeito, não tem nada a ver com o que se nomeia pai no discurso comum, ou seja, o pai da família. Ela não é um efeito do laço social e não sustenta o estado da sociedade, mas é uma necessidade lógica para que haja um conjunto consistente, que sustenta a própria estrutura da linguagem, estrutura revelada, em primeiro lugar, pela linguística, depois completada pelo progresso da lógica matemática dos conjuntos. Lacan, desde "Subversão do sujeito e dialética do desejo", postulava, referindo-se a essa lógica, que o Outro supõe, enquanto conjunto de significantes, um menos-um que ex-siste ao conjunto, salvo que ele o identificava, então, não ao Nome-do-Pai, mas ao $S(\cancel{A})$. Então o fim social do mestre-pai seria o fim das necessidades da estrutura linguageira? Entre tais necessidades, Lacan desenvolveu, em primeiro lugar, aquelas que sustentam a estrutura diferencial do significante e de suas cadeias, cf. sua "Carta roubada", na abertura dos *Escritos*, depois ele acrescentou, notadamente em "O aturdito", a lógica dos conjuntos que não é mais subordinada ao estado dos laços sociais, que não é a estrutura do significante ou que não é a matemática. A aposta da questão é o que chamei a mensagem ou ainda o alcance universal da psicanálise. A questão é saber se enquanto lacanianos tomamos a medida do que funda o universal da psicanálise ou não e, se há universal, ele transcende a variedade das culturas, das línguas e da época. Eu já disse que esse ponto tem uma importância para o passe: isso o subtrairia da incidência da diversidade das culturas e das línguas, e é o que seria preciso lembrar a tal ou qual que

24 DE JANEIRO DE 2018

se perguntava se o passe pode ser o mesmo com línguas e histórias diferentes ou de um lado e do outro do Atlântico.

A junção entre linguagem e discurso não é simples. Não há uma linguagem sem discurso mais do que haveria ditos sem dizer, o que subordina cada linguagem a um dizer. É assim que Lacan pode sustentar que a lógica de Aristóteles, sua linguagem portanto, "faz álibi" ao discurso do mestre, pois, com suas proposições universais do tipo "todo homem é mortal", finge que seus enunciados lógicos vêm de nenhum lugar, mascarando o dizer sem o qual não haveria nenhuma proposição. A lógica dos conjuntos, ou seja, a linguagem produzida pelo dizer matemático na modernidade, permitiu desvelar esse álibi, demonstrando que um sistema consistente, isto é, no qual se pode sempre fatiar o verdadeiro ou o falso de uma proposição, no caso aquela da lógica das proposições de Aristóteles, supõe um elemento fora do sistema, não demonstrável no sistema, o dizer que ex-siste às proposições. As proposições universais de Aristóteles tornam-se desde então suspeitas, suspeitas por dissimular o dizer que é necessário para se colocar uma proposição, um dizer sem o qual ela não seria. Eis aí o que coloca uma relação clara entre a linguagem da lógica de Aristóteles e o dizer que faz o discurso do mestre.

Aliás, a própria lógica dos conjuntos, o melhor instrumento da ciência, seria, portanto, linguagem ou discurso? Ela é, diferentemente da lógica de Aristóteles, um discurso no qual o dizer "mantém o lugar do real". É o que Lacan formula acerca da matemática dos conjuntos: digo discurso, e não linguagem da matemática. Por que discurso? Porque sua linguagem, suas fórmulas, seus próprios números se renovam por seu dizer, que vale como real. O exemplo de referência é Cantor e seu dizer, que coloca o primeiro número transfinito. É um advento de real. Nos outros discursos, o real se cerca do impossível de seus ditos, do impossível linguageiro, tese bem conhecida; esse "impossível, que, incidentalmente, chega a compreender o impasse propriamente lógico"[3]. O real cercado é, efetivamente, o da relação sexual impossível, por sua vez, de dizer e de escrever pela linguagem. Portanto, nos diversos outros discursos que não a matemática, o impossível é um fato de linguagem: "A estrutura é o real que vem à luz na linguagem"[4] pela via do impossível lógico. Isso não é um fato de discurso, mas de linguagem, o impossível da relação. Entretanto há mais. É preciso também acrescentar que a linguagem não é um órgão de expressão ou de comunicação, mas um habitat. Heidegger já tinha percebido que o homem habita a linguagem, "estabitat que, por ser parasitado pelo abitante, deve-se supor que o atinja com um real"[5]. É porque o homem é *parasita* da linguagem que a ela é *suposto* dar-lhe o golpe do real, o golpe do impossível da relação. Por que parasita e por que suposto? Por definição, um parasita vive e se nutre do que ele parasita e, com efeito, o abitante [*labitant*] da linguagem torna-se o que nós chamamos um falante. Por outro lado, igualmente por definição, o parasitado é também modificado pelo parasita, aqui o parasitado é a linguagem, e que ela seja tocada pelo parasita se vê nos remanejamentos constantes de *alíngua* dos quais se faz a linguagem, a língua na qual se depositam os restos das experiências que se tornaram palavras. É preciso, portanto, supor que o motor dessa evolução sustenta que o parasita-falante se confronte,

---

[3]LACAN, J. (1972) O aturdito. In: LACAN, J. *Outros escritos*. Rio de Janeiro: Jorge Zahar Ed., 2003, p. 477.
[4]*Ibid.*
[5]*Ibid.*

se choque com experiências nas quais a linguagem lhe interdita, tornando-as impossíveis. Tal é o "golpe de um real"[6], impossível "que o fixa pela estrutura da linguagem"[7], sublinho: da linguagem, não do discurso.

Se, com Lacan, admitimos a tese de que o golpe do real é a não relação sustentada na linguagem, não podemos dizer ao mesmo tempo que o real depende do estado da sociedade. E, se ele não depende, não deve nada ao reino do discurso do mestre e especificamente do mestre-pai. Isso vale para todo falante. Com essas teses Lacan nos dá a formulação do que chamei de mensagem universal da psicanálise, cujo universal vem da linguagem e não do discurso; e universal quer dizer que vale para todos os falantes e por todo tempo, sendo, portanto, trans-histórico.

O dizer da psicanálise

Para esse fim, este universal está suspenso ao dizer. Em primeiro lugar, ao de Freud, cujos ditos sobre o inconsciente-linguagem presidem o dizer do impossível da relação sexual. E ao de Lacan, por se interrogar longamente sobre aquilo que faz seu dizer àquilo pelo que é, não apenas o inconsciente, mas a estrutura do discurso analítico que é colocada. Da mesma forma, os números transfinitos estão suspensos ao dizer de Cantor, que faz discurso da matemática. Ora, um dizer ex-sistencial, seja qual for, é datado, se localiza em uma história. Tal é o dizer datado de Cantor, que produz uma nova linguagem matemática caracterizada pelo fato de a história não poder mais apagá-la. A matemática

---

[6]*Ibid,* p. 477 (atinja com um real) Nota da editora: Em francês: "coup d'un réel" (Autres Écrits, p. 476). Optamos por uma tradução direta do francês.
[7]*Ibid.,* p. 480.

do transfinito, uma vez produzida, está indelevelmente inscrita, não pode senão se desenvolver, se complexificando e inclusive sendo seguida de outras coisas. O discurso matemático é histórico, sua linguagem, uma vez produzida, escapa à historicidade. Isso começa com Euclides, por exemplo, que pode ser retomado e não perdeu nada de sua validade, integralmente transmissível. Eu gostaria que fosse o mesmo para a psicanálise, mas... Há um grande "mas" para ela, é certo.

A política

O que é que se atesta da psicanálise lacaniana pelo seu dizer? É todo o problema de sua política com os esclarecimentos e inclusive os efeitos que ela traz sobre sua época. Uma questão central hoje é a falta do mestre-pai que deixa o campo livre aos efeitos do progresso galopante da ciência.

O que é que permitiria afirmar que a exceção — dizer que Lacan substituiu ao pai do Édipo — está à mercê das evoluções societárias? Seria inverter a relação do dizer com o discurso; o dizer ex-sistencial funda não apenas a linguagem própria a cada discurso — isso porque ele afirma que o dizer fundador está no lugar do real na matemática, como eu já indiquei —, mas ele funda também o próprio discurso. O dizer, ato de enunciação, que ex-siste a todo enunciado da linguagem, não é uma realidade linguageira, mas a condição da linguagem e dos discursos. Só há linguagem porque se fala usando (sublinho o *usar*) *alíngua*. De sua presença-ausência, que ex-siste à linguagem, depende a possibilidade do todo ou do *nãotodo* fálico, nos quais os sujeitos poderão se arranjar. Eles sustentam a estrutura de linguagem e ambos implicam o golpe de real do impossível. Lacan diz explicitamente: "Recorrer ao *nãotodo*, ao *ahomenosum* [l'*hommoinsun*], isto é, aos impasses da lógica [...] do impossível que o fixa pela estrutura da linguagem"[8], isto é, ao que vale para todos os falantes. Mas, atenção à ortografia. Ele não escreve ao menos um, mas "*ahomenosum*". O homem [*l'homme*] apóstrofo e dois m, o homem, artigo definido, como em *a* linguagem. Não é uma linguagem, *a* linguagem no singular designa, no fundo, nada mais que a estrutura do real, comum a todas as linguagens, a dos impossíveis linguageiros — é por isso que Lacan pode dizer no *Mais, ainda* que não existe a linguagem, o que existe são as linguagens particulares, isto é, os inconscientes particulares. Da mesma forma, o homem, artigo definido, designa o que todos aqueles que podem ser chamados de homem têm em comum. O que eles têm em comum é que há um menos-um. Esse menos um constituinte é o menos um do "dizer que não", que é necessário para constituir o "todo" do todo homem, mas o dizer não é um efeito do discurso, como disse, é o inverso. Não há, portanto, razão para concluir que o fim do império político do pai é o fim da exceção. Não há razão, portanto, para se inquietar mais pelas crianças nascidas fora do império do pai, mais do que nos inquietamos no passado por aqueles nascidos sob a tutela do mestre-pai. Não há razão para se alarmar mais pelos eventuais efeitos psicotizantes da ausência do mestre-pai, assim como não nos inquietamos pelos mesmos efeitos nos mestres-pais. Desde o começo, Lacan tinha indicado que o Nome-do-Pai não é o nome de um pai, que ele pode ser presentificado por não importa quem, um espírito suposto à fonte etc. E, quando ele diz em "Televisão" que "a ordem familiar só faz

[8] *Ibid.*

traduzir que o Pai não é o genitor"[9], não é para salvar esta ordem que faz um pai chefe de família, mas para dizer que o Pai, que ele escreve com uma maiúscula, não está implicado na reprodução como função da vida, e que ele depende de uma outra necessidade. Não são os discursos que criam essa necessidade, eles só fazem *traduzi-la*, se acreditamos em sua fórmula, e todo "O aturdito" afirma que ela está condicionada pela lógica da linguagem, não pela ordem da família. Eu tiro dessa referência uma segunda conclusão da atualidade, acerca das mudanças na reprodução que a ciência e o discurso atual permitem, e sobre as quais os analistas deveriam se pronunciar: as formas de procriação não devem nada ao Nome-do-Pai, suas mudanças, portanto, não atentam contra ele, não mais que o fim do mestre-pai atentaria contra a lógica do *ahomenosum* que se refere a um real da lógica matemática. A partir daí, para os analistas, um programa poderia se desenhar: o de ver para cada caso da experiência individual ou de grupo que esteja ao seu alcance se o papel do "ao-menos um" está mantido e por quê. Dito de outra maneira, mais clinicamente, como se reconhece o "todo fálico"? Não falo de reconhecê-lo na sociedade, falo do campo fechado onde o desejo sexual opera e onde se realiza o sexo, pois lembro que o Campo lacaniano do gozo inclui seguramente o campo social dos discursos, mas este engloba o campo fechado da sexualidade, no qual o campo freudiano se consagrou, em primeiro lugar, antes que Lacan não ampliasse o alcance da psicanálise no campo social.

Conclusão: quando Lacan produz o dizer que não, que ex-siste ao paratodo homem, ao *ahomenosum*, ele não coloca

---

[9]LACAN, J. (1973) Televisão. In: LACAN, J. *Outros escritos*. Rio de Janeiro: Jorge Zahar Ed., 2003, p. 531.

fim à mensagem universal da psicanálise. Ele coloca fim à confusão entre a significação do mestre e a do pai ou do falo, que só é me'ser, com um apóstrofo, do sexo. O que ele recusa, portanto, é a política do Pai, mestre-pai que o Édipo freudiano transmite. Além do Édipo freudiano, está a própria estrutura do discurso analítico, que não faz "recurso ao Nome-do-Pai", diz Lacan em "Radiofonia". É essa mensagem que chamo de universal, pois vale para todos os falantes. Eles só têm uma escolha entre o *nãotodo* e o *ahomenosum*, em razão da lógica da linguagem, porém, uma única escolha forçada, nada de terceira via e, em todos os casos, a relação sexual está excluída. Essa mensagem tem várias formas possíveis: falta de gozar sem excção pois, cito, "todo sujeito como tal [...] inscreve-se na função fálica"[10], encontro faltoso, destino inelutável da "maldição sobre o sexo", não relação sexual. Poder-se-ia dizer também Há Um. Aí, seria necessário fazer duas indicações, mas eu passo, não é esse o meu objeto.

DISCUSSÃO

Claire Garson: Será que a formulação de Lacan de que o dizer é existencial implica um laço com o sintoma?

Colette Soler: O sintoma e o dizer, o que eles têm em comum? Isso tem o ar bastante heterogêneo, porque o sintoma é do gozar e o dizer aparece como uma realidade de enunciação. Mas eles têm em comum que ambos são acontecimentos. Isso quer dizer não programados, não planejados. O sintoma é acontecimento de corpo, o dizer,

---

[10]LACAN, J. (1972) O aturdito. In: LACAN, J. *Outros escritos*. Rio de Janeiro: Jorge Zahar Ed., 2003, p. 458.

acontecimento de um existente. É por isso que eu me perguntei qual é o sujeito suposto ao dizer.

Não há programa senão pela linguagem. A linguagem permite programar, fazemos agendas, listas, fixamos datas... E, portanto, quando se diz existencial, isso quer dizer fora do programa. O dizer tem esta característica: ele é fundador dos discursos — como em matemática; o acontecimento sintoma é emergência de um gozo, falta a partir da qual o programa da repetição poderia ser colocado em marcha.

Filippo Dellanoce: Será que Lacan dá uma definição unívoca da linguagem e do discurso? Se ele começa com a linguística, mas já Saussure e Jakobson são diferentes, em seguida ele se afasta um pouco.

C.S.: Que se aborde a linguagem a partir de diferentes disciplinas não implica que a definição de linguagem mude. Isso implica que a partir da disciplina linguística se tenta ver como os significantes e sua combinatória presidem as obrigações ou os impossíveis. Se você toma "A carta roubada" de Lacan, é para mostrar que independentemente de toda intenção de significação, quando ele fabrica suas cadeias de alfa, beta... o simples manejo dos significantes acaba por criar as impossibilidades. Isso não toca ao que se chama linguagem, mas ao que se pode saber dela. É por isso que Lacan diz, no fim de *Mais, ainda*, que a linguagem não existe, é o que se tenta saber sobre o funcionamento da língua quando se faz uso dela. Com a lógica, resta algo em comum em relação à linguística, ainda que seja uma abordagem completamente diferente. Tentamos ver o que se pode demonstrar, não demonstrar etc., colocar em evidência as necessidades e as impossibilidades.

Filipo Delanoce: À questão, o que é a linguagem, não se pode responder?

C.S.: Fora da psicanálise, não sei o que se responderia. Na psicanálise, o que Lacan diz é muito preciso: a linguagem é o real que vem à luz nas linguagens que o mantêm. Desdobramos as linguagens, e em todas essas linguagens, há obstáculos lógicos e linguísticos. O que se chama linguagem é isto: o real que vem à luz nas linguagens.

Somos todos falantes, portanto, todos manejamos uma linguagem, cada um a sua. Acho bem relevante essa tese de Lacan de que a linguagem é o que há de comum a todas as linguagens mantidas pelos falantes. E uma vez demonstrado pela lógica dos conjuntos, por exemplo, que tudo que você tagarela, por mais tempo que isso dure, não pode constituir um conjunto salvo se há um ponto exterior, que é o dizer, isso vale para tudo.

Nelly Guimier: Para cada caso dever-se-ia colocar a questão de reconhecer o todo fálico clinicamente?

C.S.: Percebo que isso é um problema. Procuro exemplos concretos. Cada vez que se coloca o problema do diagnóstico, por exemplo, nas apresentações ou consultas, como se identifica o *nãotodo* fálico que se supõe ser psicose? E como se identifica no nível sexual? Há teses de Lacan que eu gostaria que a gente examinasse juntos. Será que vamos considerar que a capacidade de um homem fazer amor com uma mulher é sinal do todo fálico?

Cathy Barnier: Será que quando um homem faz de uma mulher seu sintoma, isso não seria um eco com o dizer que não?

C.S.: Sim, com a dificuldade de definir a mulher sintoma, que não é forçosamente a esposa. Lacan a define, a propósito de Joyce, como um corpo que faz o gozo de um outro corpo, a mesma ideia encontrando-se em "gozar de uma mulher", mas é ainda mais a-subjetivo.

7 de fevereiro de 2018

Tentei mostrar o alcance universal disso que traz a psicanálise, inventada por Freud, mas da qual Lacan desdobrou os resultados, ele mesmo dizendo ter feito o inventário da invenção. Gostaria de indicar agora o quanto ela esclarece nossa realidade contemporânea.

"Varidade" dos gozos

Podemos compreendê-lo se medirmos até que ponto os discursos do tempo, sejam eles quais forem, e o inconsciente do *ahomenosum* regulam ambos a mesma coisa: o corpo. A ordem do discurso assumiu os corpos, ela preside o que Lacan chama a "reção do corpo ou corpo-reção"[1], isto é, a ereção de um corpo socializado, que convém ao laço social estabelecido habitado também por outros corpos. Nesse sentido, toda política é uma biopolítica. Mostrei, no ano passado, que essa é uma tese de Lacan. Por definição, uma biopolítica visa a manutenção da vida, mas ela tem duas partes, a subsistência e, também, a reprodução dos corpos, e não podemos dizer que os dois temas não tenham hoje uma atualidade ardente. Por suas prescrições, o discurso rege,

---

[1] COLLECTIF, *Joyce avec Lacan*, Paris, Navarin, 1987, p. 35.

portanto, uma parte dos gozos dos corpos, os quais se repercutem em afetos e paixões sobre os sujeitos e decidem, portanto, suas satisfações, insatisfações e aspirações ao sabor das épocas, das culturas, e é o que a psicanálise recolhe com a fala dos sujeitos. A psicanálise está, por isso, nos melhores camarotes a respeito do discurso do tempo, ainda que ela vise outra coisa, isto é, o que preside os sintomas particulares dos sujeitos, a saber, o inconsciente. O inconsciente também rege o corpo. A psicanálise freudiana revelou as fantasias inconscientes dos sujeitos. As fantasias não são diretamente fenômenos de corpo, mas suportam o desejo e orientam seus vetores para o gozo... do corpo. Este mantém o inconsciente que fala "com o corpo", seu saber afetando o corpo, não o sujeito. Ele determina, portanto, o que cada um tem de mais específico: seus significantes e sua lógica, que se tem por abstrata, formam o corpo, que se tem, ele mesmo, por concreto. Eles formam especificamente o que se nomeia seus sintomas. O inconsciente estruturado como uma linguagem, tese que vale mesmo para o inconsciente real, tem seu lugar no corpo, o corpo "lugar do Outro", já dizia "Radiofonia". Produtor de sintomas particulares, o inconsciente é "corpo-dissidente", ele ignora toda norma discursiva e se inscreve, de preferência, em falso contra a corpo-reção do discurso. O discurso do mestre, aliás, estigmatizava a dissidência dos sintomas sexuais como patologia. Vejam Krafft-Ebing, Havelock Ellis, que Lacan qualifica de canalhas a serviço da norma sexual do mestre. O discurso do mestre relegava essa dissidência no privado e no silêncio. Mas hoje o discurso mudou: os corpos não habitam mais o discurso do mestre, com a norma hétero do mestre-pai. É o discurso da ciência, com suas repercussões capitalistas, que reina, e paralelamente nosso tempo está marcado pelo aumento do que Lacan chamou de a "varidade", a variedade múltipla das verdades de gozo própria a cada falante e que doravante, é esta a mudança, têm direito de cidadania. Na falta da norma do mestre-pai, todos esses gozos mudaram de estatuto político, suas particularidades que foram chamadas perversas, logo patológicas, não têm mais alcance nem patológico, nem transgressivo, nem revolucionário. Eles mesmos renunciaram às provocações da transgressão para exigir, ao contrário, o reconhecimento paritário. Particularmente evidente para a homossexualidade, pelo menos em nossos países. Isso promete, sem dúvida, eu temo, novas lutas além da guerra dos sexos, a guerra dos tipos de gozo. Disso eu vi um índice precursor na dupla página consagrada pelo *Libération*, na segunda semana de janeiro de 2018, a um homem, homo assumido, que pretendia partir em guerra, e com propósitos bastante excessivos, contra a heterossexualidade que, segundo ele, é reacionária por essência.

Lacan, renomeando o inconsciente com o termo falasser, o promove como um universal, nem fácil, nem difícil (faço alusão aos desenvolvimentos de Jean-Claude Milner sobre o universal), mas que para todo falante torna a vida difícil, pois o gozo se encontra negativado e fragmentado pelo significante, "castrado" diz Lacan, excluindo a relação desde sempre, em toda parte e para todos. É ele também que inscreve em seus traços unários a contingência dos acontecimentos de gozo, que supre a proporção na relação dos corpos sexuados. Desde *O avesso da psicanálise*, Lacan marcou "o que Lacan aporta"[2]. É, para o gozo, cito ainda, "a função do traço unário — quer dizer, da forma mais simples de marca

---

[2]LACAN, J. (1969-1970) *O seminário, livro 17: o avesso da psicanálise*. Rio de Janeiro: Jorge Zahar Ed., 1992, p. 44, aula de 17 de janeiro de 1970.

que é, falando propriamente, na origem do significante"[3], na origem, portanto, dos significantes próprios a um inconsciente dado, e que têm emergido por acaso nas contingências da vida como inscrição de um "acontecimento" de corpo.

Há, portanto, três níveis em que se joga a relação com o sexo. Além do *a priori* e do *a posteriori*, há um terceiro que é aquele do gozo dos corpos efetivos. Esses traços unários não devem grande coisa à fala do sujeito, diz Lacan. Entre, de um lado, os significantes do sujeito — aproximados na psicanálise pela noção de identificação — que vão do ideal do eu ao Φ e, do outro lado, aqueles do seu inconsciente incorporado afetando seu corpo, pois bem, isso não faz cadeia, há uma barreira. É isto que está escrito no estágio inferior do discurso analítico.

$$\frac{\overline{\quad S_2 \quad}}{} \quad \Big|\Big| \quad \frac{\overline{\quad}}{S_1(IM, \Phi)}$$

O que complica, sem dúvida, é que, nesse estágio inferior do discurso analítico, o inconsciente está dos dois lados, pois as identificações fundamentais, seja o ideal do eu ou do falo, esses significantes que representam o sujeito, fazem parte dos assentos inconscientes dos sujeitos. Isso é tão verdadeiro que é preciso, em geral, a análise para fazê-los passar à consciência, com a questão, como diz a expressão de Lacan, de saber o que se ganha ao fazer passar à consciência o que lhe escapava. O inconsciente saber é outra coisa: ele é feito de *alíngua* própria ao sujeito, e ele se manifesta pelos sintomas decifrados. A partir daí, desse deciframento, o sujeito pode, em uma análise, perceber a presença desse

---

[3]*Ibidem.*

outro êxtimo, heterônomo, mas sem jamais deixar de ser ultrapassado. Donde os "afetos imprevisíveis"[4] que permanecem no final de uma análise como tradução subjetiva da divisão estrutural do sujeito.

Lacan terá finalmente, eu já disse aqui, invertido o primeiro postulado da psicanálise, que ele, no entanto, partilhou e consolidou durante muito tempo. Esse postulado, vindo da prática freudiana, parecia indicar que a subjetividade e o discurso podiam comandar o gozo. Dito de outra maneira, os sintomas, sobretudo a impotência e a frigidez sexuais, podiam ser resolvidos pela elaboração analítica da relação do sujeito com o Outro. O texto da "Direção do tratamento e os princípios de seu poder" é inteiramente construído sobre essa hipótese — assim como "A significação do falo" e as "Diretrizes para um Congresso sobre a sexualidade feminina" —, na qual a norma da heterossexualidade vinha do Outro, era solidária da norma paterna, ligada a um tipo de desejo ao mesmo tempo social e sexual, e do qual Freud tem, em primeiro lugar, posto que ele se transmitia, quando ele se transmitia, pelo jogo das identificações no famoso trio. Lacan a substituiu com "o desejo é o desejo do Outro". Sim, mas o desejo não é o gozo, não é suficiente para determinar o do sintoma, e a clínica atestou amplamente que ele nem sempre segue o desejo. O gozo sexual enquanto tal não é regulado pelos determinantes do sujeito, nem pela demanda, nem por seu desejo — que é necessário, no entanto, para fazer relação sexual, supletivo da proporção —, mas por seu inconsciente-linguagem incorporado. É por isso que Lacan perguntava, na primeira lição do *Mais*,

---

[4]LACAN, J. (1967) Discurso na Escola Freudiana de Paris. In: LACAN, J. *Outros escritos*. Rio de Janeiro: Jorge Zahar Ed., 2003, p. 283.

ainda: de onde vem o gozo? Ele falava daquele do corpo a corpo sexual.

Hoje, no laço social des-paternalizado, se posso dizer, vemos sua variedade, todas essas formas particulares que doravante tinham vindo à luz e reivindicam um lugar no discurso, uma legalização. Na psicanálise, é necessário concluir que, se ele não vem do sujeito, então, para agir sobre os sintomas do corpo, é preciso se colocar no nível daquilo que os causa, no nível da linguagem inconsciente com seus equívocos; no nível, portanto, da moterialidade-gozada do inconsciente, resultado das marcas acidentais dos acontecimentos de gozo corpo-dissidentes. Compreende-se aí por que Lacan acabou por colocar o acento sobre os equívocos. No nível da clínica analítica dos sintomas dissidentes do gozo vindos dos traços unários, que fazem objeção a qualquer norma de gozo e que governam mesmo o gozo sexual do coito, só há um único recurso para operar: os equívocos linguageiros que não têm nada a ver com as identificações do sujeito. Isso que se escreve no estágio inferior do discurso analítico marca claramente esse hiato. Assim, Lacan reuniu, e bem a tempo, isto que se impôs na cena do mundo, que é aquela do discurso atual. Ele faz mais do que reunir, lhe dá razão.

Também esclarece a mudança radical do estatuto do Um no campo social que opera com a ciência e que vai paralelamente do Édipo freudiano à sua reformulação por Lacan. O Um do discurso não é mais o Um unificante do mestre que permitia a cada um marchar no mesmo passo, em cadência. No plano sexual, também ele não é mais o Pai-mestre freudiano — guardo aqui o equívoco com o verbo permitir, porque é verdade que o pai na concepção freudiana permite muitas coisas — hoje o que reina em toda parte é o

Um diversificante, em sintonia, aliás, com o ideal democrático e do qual Lacan deu a fórmula com seus "dispersos disparatados".

Donde a contestação que cresce hoje de todos os uns unificantes, aquele do estado ao qual se opõe a sociedade civil e aquele da democracia representativa também: quer-se votar de bom grado, mas, em seguida, contesta-se a autoridade e as decisões dos eleitos etc. Parece que a própria ciência avança sobre a ruína não apenas da alma, como se pôde crer da "ciência sem consciência", como se ela jamais tivesse uma consciência disso, mas sobre a ruína do Um. A física teve seu significante mestre ou, se preferirem, sua via real, a gravitação universal, Newton e sua fórmula, depois veio Einstein e seus sucessores, e parece claro que não há mais via real, mesmo na física. O mesmo para a biologia, que teve seu significante mestre, creio eu, com o genoma, antes de se espalhar segundo os fragmentos de corpos dispersos que não foram ainda, sem dúvida, todos listados. Donde aliás, a necessidade, nesta conjuntura dos Uns proliferantes, de renovar também a concepção do laço social, pois no campo lacaniano nomeado por Lacan ele não pode mais ser pensado com a ordem hierarquizada dos discursos construídos por ele mesmo em 1970. Tentei, no ano passado, mostrar que Lacan pelo menos abriu o capítulo, mas não sei se os analistas puderam dar prosseguimento. Quanto aos quatro discursos de Lacan, eles não desapareceram: há sempre espaços onde reinam o discurso do mestre, mas eles — os discursos que vou chamar de células dispersas e mais ou menos impermeáveis — não subsistem; eu receio que não seja o caso da psicanálise, sobretudo na França; entretanto isso não se restringe aos psicanalistas. Pois notem que é também o caso dos partidários do mestre-pai. Vejam a *Manif pour tous*[5], eles ficam enfurecidos por não dar mais a tônica de toda sociedade. Cada grupamento se queixa de não mais conseguir ser hegemônico. Digo na França, porque, é claro, há nessas questões grandes diferenças de geografia política. No que diz respeito à psicanálise, ela visa a extensão, é patente, mas seria errado julgar isso em termos unicamente numéricos, pois o sucesso da extensão do interesse pela psicanálise pelo qual nós tentamos certamente trabalhar não deve ainda assim ser confundido com o sucesso do discurso analítico. Poderia ser mesmo o inverso. É o que eu me digo quando noto que o entusiasmo é maior onde a formação analítica é ainda às vezes inexistente, ali onde as curas analíticas apenas começam e ali onde a formação dos analistas é ainda letra morta. De maneira mais geral, não se pode duvidar que haja um entusiasmo dos começos, vimos o começo da invenção freudiana, começo também das curas, pois elas fazem promessas, esperanças, entusiasmo à chegada da psicanálise em um país em que ela não estava, em suma, em todas as reconquistas nos seus começos etc. É um sinal que o entusiasmo do falante vai, em primeiro lugar, à promessa e não à efetividade. É bem por isso que Lacan evocou um outro entusiasmo do fim, que não pode ser o mesmo e do qual manifestamente ele pensava que fosse mais raro. Não insisto mais, não é meu objeto aqui.

---

[5]Nota da editora: A Manif pour tous é uma instituição cuja finalidade "é o respeito do interesse superior e das necessidades elementares da criança, hoje ameaçadas pelas reformas sociais inspiradas pela ideologia de gênero. [...] A Manif pour tous defende o casamento e a filiação coerente com a realidade sexuada da humanidade, cuja consequência é, ao mesmo tempo, a diferença e a complementariedade dos sexos, incontornável para conceber uma criança e assumir a diferença pai-mãe, paternidade- maternidade." Informações disponíveis em: http://www.lamanifpourtous.fr.

Vou agora a outro ponto que anunciei: o da relação sexual de suplência à proporção que falta. Trata-se de dar conta do casal heterossexual e de obter, a partir do único significante fálico, "duas metades tais que não se atrapalhem demais na coiteração"[6], com a questão para nós, para mim em todo caso, de saber se eles os têm obtido — posto que é preciso, mesmo assim, submeter ao exame o que Lacan propôs.

O casal de suplência

Muitos textos de Lacan concernem ao casal, especificamente o casal heterossexual. Retenho os principais daqueles que são escritos. Três datas essencialmente: em 1958, "A significação do falo e Diretrizes"; em 1970 "Radiofonia"; em 1972 "O aturdito" e depois *Mais, ainda*, 1972-73.

Dissimetria

Que a relação seja dissimétrica neste casal, foi Freud quem estabeleceu com sua famosa questão. É notável que a gente não a coloque para o homem, a gente não pergunta: o que quer o homem — sexualmente falando? A questão não se coloca porque a resposta de estrutura está lá. Em Freud ela se formularia assim: o Édipo faz o homem hétero. Com "O aturdito", a heterossexualidade parece manter as fórmulas da sexuação do lado em que há a exceção do dizer que não: cada um dos *ahomenosuns* não sendo mais que um entre outros, que, como todos os outros, digamos, um objeto que responda a sua castração. Seu desejo visa o complemento dela, previsto pela fantasia. A divisão do sujeito implica

---

[6]LACAN, J. (1972) O aturdito. In: LACAN, J. *Outros escritos*. Rio de Janeiro: Jorge Zahar Ed., 2003, p. 455.

uma "condição de complementariedade"[7] que a escrita da fantasia visualiza $ S \Diamond a$. Então, pode-se certamente perguntar no caso a caso, como, para cada analisando, seu parceiro típico foi fabricado através do cenário de sua fantasia e dos equívocos da linguagem de seu inconsciente, mas a clínica não é apenas o caso a caso. A clínica é a estrutura dos tipos de casos, aqui homem e mulher, a estrutura que ordena o caso a caso. Ao falhar, nossa clínica é só romance com personagens. Este não é sempre sem interesse aliás, porém é apenas anedótico. Portanto, se o Homem ex-siste, como Lacan o afirma, sem questão, há uma clínica possível do homem. Ora, o suplemento fálico, na análise, "cessa de não se escrever", contingência, e para cada analisando. Então, como este *paratodoanalisando* — escrevo com uma palavra — se organiza com o para todo x da sexuação que faz o homem e não a mulher? Isso quer dizer que só se analisa a libido masculina, a única que existe, segundo Freud? Caso contrário, o suplemento fálico que, no nível da relação dos corpos, compensa a ausência da relação sexual, inclui como necessária a escolha do objeto heterossexual? Dito de outra maneira, mais claramente, inclui que o parceiro que funciona como causa do desejo do *ahomenosum* seja uma mulher, posto que a causa do desejo, *a* minúscula, é assexuada? Esse ponto é essencial em qualquer discussão analítica sobre a genitalidade, e eu voltarei a ele.

Do lado da mulher, é curioso: a questão deixada em suspenso por Freud recebe por sua vez uma resposta de Lacan, grande sucesso; ainda assim, a questão permanece. Com efeito, dizendo-a *nãotoda, a* barrado, Lacan indica que não

---

[7]LACAN, J. (1958) A significação do falo. In: LACAN, J. (1966) *Escritos.* Rio de Janeiro: Jorge Zahar Ed., 1998, p. 699.

há uma resposta única à questão e que essa resposta só pode, portanto, ser dada no caso a caso. "Não há universal de A mulher" significa não haver clínica de A mulher. É a tese: com as mulheres, "não existindo suspensão na função fálica, tudo [pode ser dito] dela [...], mas trata-se de um todo fora de universo"⁸. Diante desse fato, eu reformularia de bom grado a questão freudiana assim: não estando *nãotodas* as mulheres, o que podem elas querer enquanto possivelmente divididas cada uma entre a função fálica e o que se entrincheira?

No *Mais, ainda* encontramos o esquema do casal heterossexual e que corresponde às duas fórmulas da sexuação. Este esquema visualiza bem a dissimetria. Eu parto daí, mas para Lacan é mais um ponto de chegada, em todo caso uma etapa.

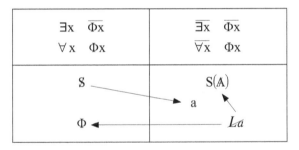

Esquema da página 105 do *Mais, ainda*⁹

É o esquema da relação heterossexual, portanto das duas metades às quais se supõe não se embaralhar demasiadamente em sua coiteração, que supre a relação faltante, garantindo eventualmente a reprodução que justificava o

---

⁸LACAN, J. (1972) O aturdito. In: LACAN, J. *Outros escritos*. Rio de Janeiro: Jorge Zahar Ed., 2003, p.466.
⁹LACAN, J. (1972-1973) *O seminário, livro 20: Mais, ainda*. Rio de Janeiro: Jorge Zahar Editor, 1985, p. 105, aula de 13 de março de 1973.

"é preciso as duas metades". O casal do *ahomenosum* e da *nãotoda*, ou seja, do Um fálico e do Outro, cada um repartido nas duas partes do plano, direita e esquerda.

Como essa relação de suplência se constrói? As flechas que unem os dois lados indicam o trajeto do que Freud nomeou libido, que se pode também nomear desejo e que pulsa em direção ao que lembrei ser uma "condição de complementariedade" da falta subjetiva. As fórmulas da sexuação escrevem outra coisa, a saber, as identidades sexuadas a partir de dois tipos de gozo com sua lógica respectiva. Freud definia as identidades sexuais primeiramente a partir das identificações edipianas e seus efeitos no nível do amor e do desejo, e as considerações sobre os efeitos de corpo, frigidez, impotência, sintomas diversos, se seguiam. A essas identificações edipianas, Lacan acrescenta em suas fórmulas a escolha de gozo dos sujeitos que optam pelo todo fálico ou pelo *nãotoda*. Escolha que lembra a obscura "decisão do ser", ainda mais difícil de compreender clinicamente que a própria alternativa entre o todo e o *nãotodo*, pois essa alternativa tem seu fundamento na lógica da linguagem. Lembro, entretanto, que se encontra um homólogo dessa escolha sob a pena de Freud quando ele fala de uma estranha opção primária no lugar do sexual como gozo do corpo, "aversão" na histeria e captação de "prazer em demasia", no obsessivo. Primário quer dizer que não se pode dar conta, é um dado que é como sem razão. Opção de gozo, portanto, na base de cada neurose. Porém, um problema: esses dois modos do gozo são independentes da escolha de objeto, quero dizer do sexo do parceiro, isso advertido patentemente pelo próprio Lacan, desde que ele coloca dos dois lados tanto homens quanto mulheres, e do lado do todo fálico, os héteros, os homos, a começar pela *filia* grega, a ética do solteiro ao estilo de Montherlant[10], os histéricos, todos "fora do sexo" segundo ele, e mesmo alguns místicos como Angelus Silesius. Como definir o fora do sexo? Só vejo um modo. O fora do sexo, no fundo eu já comentei, mas em outros termos: é o que se entrincheira do *nãotodo* — retomo este termo precioso do entrincheiramento que se refere à escolha subjetiva —, o *nãotodo* que se entrincheira, ele próprio, em parte do fálico. Seja como for, essa enumeração designa muito dos parceiros diversos. Nesse sentido, ela está bastante em sintonia com os costumes de hoje. Mas a partir daí, estamos obrigados a concluir que as fórmulas, se elas indicam que do lado homem há castração para todos, deixam, no entanto, inteira a questão do parceiro, em especial de seu sexo. Desde então, elas não são suficientes para garantir o que Lacan dizia visar, a saber, obter "duas metades tais que não se atrapalhem demais na coiteração"[11]. Não surpreende que um ano depois, escrevendo essas flechas, Lacan volte à questão do casal heterossexual e da libido, dito de outro modo, do desejo que ele supõe.

DISCUSSÃO

Alejandro Pérez: É a propósito do discurso e do gozo. Você falou hoje da variedade dos gozos e eu me pergunto como se pode passar de um único e mesmo discurso a uma variedade de gozos. Por exemplo, todo mundo está no discurso

---

[10]Nota da editora: Henry de Montherlant foi um escritor francês (1895-1972) que esteve "sem cessar em busca de perfeição estética [...] é o criado de uma obra na qual se encontra o eco de oposição à moral cristã e à moral profana, o culto do heroísmo e do hedonismo." Disponível em: http://www.academie-francaise.fr/les-immortels/henry-de-montherlant.
[11]LACAN, J. (1972) O aturdito. In: LACAN, J. *Outros escritos*. Rio de Janeiro: Jorge Zahar Ed., 2003, p. 455.

capitalista e no entanto há vários gozos. E você disse também que os quatro discursos têm alguma coisa de unificante, e é diferente para o discurso capitalista, pois ele não tem nada de unificante.

Colette Soler: Em todos os discursos, os quatro, há uma lacuna, uma barreira entre o que Lacan chama de produção de gozo, de um lado, à direita e, à esquerda, de verdade de gozo. Quando um discurso mantém um lugar, há uma produção de gozo relativamente unificada para todos. Contudo, para cada um, há uma pequena dissidência sintomática; estamos no discurso, marchamos no mesmo passo, mas temos nossos pequenos segredos de gozo que não marcham no mesmo passo de todos.

No discurso capitalista, há uma unificação quase completa. Ele organiza para todos a relação com os objetos do mercado, que são os mais-de-gozar; portanto, o discurso capitalista, de fato, produz uma unificação dos gozos; com diferenças individuais e sintomáticas dos gozos, ele não se importa. É por isso que ele não sanciona mais; no discurso capitalista, não se sanciona mais o que foi sancionado como desvio de gozo, outrora sob a forma de diversas perversões que sempre existiram. Atualmente só há mais uma sanção que permanece: a pedofilia. O discurso capitalista pode admitir tudo e não importa o quê, a partir do momento em que você está posicionado em relação aos objetos da produção e do consumo. É uma unificação de gozo pelos mais-de-gozar dos mercados, ele não faz mais que isso.

Nestor Tamarin: [tradução] A questão é a respeito do a da mulher, como ela faz para passar sem isso?

C.S.: Mas ela não passa sem isso!

Nestor Tamarin: Eu pensava na bela açougueira para a qual há exatamente um objeto a, *em particular, o salmão...*

C.S.: O salmão é a isca. Como diz Lacan, na neurose não se deve se deixar enganar. O neurótico fabrica objetos postiços, que são falsos objetos, e nem o caviar nem o salmão são os objetos visados por um desejo de gozo. Elas se servem, uma e outra, deste pequeno objeto "postiço", que lhes é perfeitamente indiferente na realidade, para agarrar outra coisa, o interesse do homem. Isso entra em uma estratégia de mascarada, de se dar ares de mulher. Mas a relação efetiva com o mais-de-gozar está por ser precisada. Compreendemos bem a partir dos textos anteriores de Lacan. A flecha que, no esquema, parte de *A* barrado em direção ao falo, de fato, é uma flecha que vai em direção ao que Lacan designa — uma expressão muito graciosa — não a significação fálica, mas os "atributos que ela preza em seu parceiro", isto é, o órgão ereto. É o equivalente, de alguma maneira, da causa do desejo no homem, o objeto *a*, nesse caso é o falo ereto, isto é, diz Lacan, o inverso de sua função real. Portanto, é absolutamente presente a ideia de que há em um e outro uma relação com um mais-de-gozar localizado em uma causa parcial.

Justine Abecassis: Se consideramos a bissexualidade psíquica, pode-se imaginar que essa relação muda de tempo em tempo em um indivíduo?

C.S.: A noção de bissexualidade é muito confusa, de fato, demasiadamente para nos guiar.

Justine Abecassis: Eu tenho dificuldade de pensar no esquema: haveria sujeitos que não buscariam o objeto a?

C.S.: É necessário precisar o que é o objeto *a*. É essencialmente, prioritariamente, um objeto que falta. Em Freud há a noção de objeto perdido na origem. É um paradoxo porque ele jamais é possuído. Em Lacan, o objeto *a* designa, em primeiro lugar, a falta e, em seguida, em razão de haver essa falta, há uma busca para tapá-la; portanto, a procura de um objeto complementar. E, do lado dos complementos, que se vai escrever igualmente *a*, há grandes variedades. É por isso que Lacan pôde dizer que os objetos visados pelo desejo são iscas. Não são iscas para cada sujeito, é uma isca no sentido em que o próprio desejo não tem objeto próprio. O que faz com que se possa dizer que o órgão fetichizado do parceiro funciona como o equivalente do objeto *a*, como alguma coisa de complementar de uma de suas faltas.

Cathy Barnier: O quadro escreve as fórmulas da sexuação na relação homem/mulher, mas uma mulher enquanto sujeito dividido tem a mesma relação que um homem com o objeto a, *fora o encontro do parceiro?*

C.S.: Sim, como disse Freud, "é também um ser humano" [risos], isto é, que ela não é apenas um ser sexual, é também um sujeito, claramente.

Marjolaine Hatzfeld: Uma questão básica: do lado homem existe um que diz não à função fálica, abaixo todos estão na função fálica?

C.S.: Não podemos colocar um todo sem um termo que esteja fora do todo. Freud tentou dar conta do todo com o Édipo, Lacan o substitui por suas fórmulas lógicas. E com a tradução do Édipo freudiano em suas funções lógicas, ele tenta explicar a heterossexualidade que Freud explicava pelo Édipo.

Lucile Cognard: Eu me pergunto, recuando ao que você disse precedentemente: no discurso analítico, o S_2, embaixo, à esquerda, com o entrincheiramento. Você falou das marcas de gozo que escapam; portanto, estamos nascidos do lado do S_2. O gozo outro é algo que não está guiado pelo significante, portanto, em algum momento ele pode ser... alguma coisa que não pode ser reiterado.

C.S.: Eu o escrevi como S_0, um furo no saber. Só podemos falar de reiteração se há uns que identificam a reiteração.

SETE

7 de março de 2018

Eu prossigo sobre o que faz casal.

Há, de fato, duas questões: uma sobre o que funda o desejo sexuado; a outra sobre a escolha do objeto complementar. Ora, Lacan havia tratado sobre as duas desde os textos que mencionei e de uma maneira que parecia definitiva, tão definitiva que ele a retoma em "O aturdito" — e a esses textos é preciso, aliás, acrescentar "Televisão". O esquema de *Mais, ainda* acrescenta duas coisas: a função do objeto *a* do lado homem em sua relação com uma mulher, e do outro lado o progresso lacaniano da mulher compartilhada entre todo e *nãotodo*, entre o fálico e o que se entrincheira dele.

A causa a-sexuada

As flechas nesse esquema representam o percurso da libido em direção ao seu objeto, no caso da heterossexualidade. A falta está, portanto, no começo de cada uma das flechas e dos dois lados, figurado efetivamente pela barra sobre o S do sujeito, porque sem ela, sem uma falta, não há libido. Do lado mulher, a falta não está figurada, porque a barra representa outra coisa, sua divisão interna, mas ela está implicada pela própria flecha. Somente a falta não é uma, há diversas. Lacan tentou recenseá-las e construir a topologia com seus diversos tipos de furos. Ele lembra em "O aturdito" seu trio dos anos cinquenta, privação, frustração e castração, correspondente a diferentes faltas, real, imaginária e simbólica. Todavia, os três foram concebidos por Lacan com um único instrumento teórico, que é o falo. Dessas três negativações resultam os três casos para o ser que sofre do que vou chamar de uma despossessão, é seu traço comum, ainda que não seja o mesmo nos três casos.

Ora, o seminário *A angústia* introduziu outra coisa com o objeto *a*, uma falta real que vale sem distinção de sexo, vizinha daquela da privação, mas sem outro agente além da linguagem, que opera como causa real do desejo e que foi antecipada em Freud com a noção de objeto originalmente perdido. Podemos representar esse objeto *a* como uma parte do corpo, diz Lacan. Isso para coordená-lo com o que Freud, escutando as histéricas, descobriu: as pulsões parciais com seu objeto oral, anal, escópico ou vocal, efeitos primeiros da linguagem da demanda. O objeto *a* é, ao mesmo tempo, aquele "que falta"[1] e que toma quatro "substâncias episódicas" com os diversos gozos pulsionais, como diz "A carta aos italianos". Se seguimos essa construção, devemos concluir que isso vale para todo ser que entra na articulação linguageira da demanda e é suficiente para fundar independentemente a diz-mensão do desejo, do sexo, do Nome-do-Pai e das estruturas clínicas. Somente essa causa do desejo é "a-sexuada", e não basta determinar o objeto complementar; isso porque há um problema do parceiro visado pelo desejo, pois a falta do objeto *a* não basta para determiná-lo. Isso é tão verdadeiro que, entre os objetos do desejo, que

---

[1]LACAN, J. (1976) Prefácio à edição inglesa do Seminário 11. In: LACAN, J. *Outros escritos*. Rio de Janeiro: Jorge Zahar Ed., 2003, p. 569.

Lacan havia primeiramente qualificado como "iscas", há uma multidão: as mulheres, os homens, as crianças, os animais, eventualmente os próprios cadáveres na necrofilia, mas também uma massa de *gadgets*, de mais-de-gozar, o famoso carro como uma falsa mulher, ou seja, todas as posses possíveis do mercado, que estão todas em equivalência supletiva com o objeto *a* como objeto perdido que não preside especialmente a relação sexual nem a heterossexualidade. As fórmulas da sexuação respondem à questão da escolha heterossexual? Não, porque, se as fórmulas fazem a identidade de gozo homem ou mulher, elas não implicam que um homem vá escolher uma mulher, e uma mulher, um homem. Portanto, vemos bem o problema que Lacan deve resolver: nem o objeto *a* perdido na origem para o falante nem a função fálica permitem dar razão do objeto sexual no sentido da escolha do parceiro sexuado.

Com suas fórmulas classificadas para todos, Lacan reelabora uma vez mais o que se nomeia, desde Freud, a castração. Segundo Lacan, essa necessidade de castração é própria ao homem. A subtração do objeto *a* é própria do falante, a castração é própria do homem, não da mulher. Aqui, uma precisão. O que está em questão não é o sujeito enquanto tal, mas os seres enquanto sexuados, ou seja, o funcionamento dos corpos sexuados, pois no que concerne aos falantes, eles caem todos, homem ou mulher, sob o golpe dos efeitos da linguagem. Quanto às mulheres, contrariamente a Freud, ele especifica que não estão obrigadas à castração. E mesmo que ela "possa passar sem isso deve estar previsto". Não entro no comentário do modo como ele o formula na página 465 de "O aturdito". Só retenho a tese. Essa dissimetria clínica da castração entre os sexos repercute aquela, anatômica, de ter ou não o pênis, mas paradoxalmente o invertendo.

De fato, para aquele que tem, *a priori*, Lacan coloca a necessidade da negativação pela castração; para aquela que não tem, essa negativação não é necessária. Mas necessária a quê? Necessária, eu penso, para garantir a relação sexual supletiva da proporção, com a copulação dos corpos. Qual é a lógica dessas afirmações que parecem paradoxais, não apenas em relação ao que Freud formulou, mas em relação ao discurso comum?

A castração é uma despossessão simbólica, o que quer dizer que ela não subtrai nada de real ao sujeito e seguramente não seu pênis. A despossessão simbólica da castração o priva, portanto, não do objeto *a*, nem mesmo do órgão, mas do significante falo com o qual ele foi dotado de saída. É justamente porque *a priori* ele tem o órgão e o símbolo que é preciso essa negativação. Com efeito, o órgão em si mesmo comporta, como sabemos, pela masturbação, o "gozo do idiota"[2]. Por que do idiota? Porque é mais do que fora do sexo, é fora de toda relação entre os corpos, autista, portanto; e é preciso por consequência uma negativação para introduzir uma falta ali onde estava com o real do órgão a posse do significante que lhe foi regulado de saída. É necessária essa negativação para lançar o desejo propriamente sexual, que o extrai da masturbação autista com, concretamente, a ereção no laço com o parceiro sem o qual o sujeito ficaria no simples gozo do idiota. De súbito, pelo fato da castração, que negativa seu falo, para ele "o significante-mulher inscreve-se como privação"[3], como aquilo do que ele é privado, o que indica claramente o mito do lado de

---

[2]LACAN, J. (1972-1973) *O seminário: livro 20: mais, ainda*. Rio de Janeiro: Jorge Zahar Editor, 1985, p. 109, aula de 13 de março de 1973.
[3]LACAN, J. (1970) Radiofonia. In: LACAN, J. *Outros escritos*. Rio de Janeiro: Jorge Zahar Ed., 2003, p. 438.

HOMENS, MULHERES

Adão, segundo "Radiofonia". Vemos a dissimetria com as mulheres. Para ela, a privação do pênis é uma despossessão real, não simbólica e originária — que redobra aliás a do objeto perdido causa do desejo —; mas, de repente, o falo símbolo lhe falta e o parceiro "é sentido como frustração"[4], ele tem o que elas não têm. Mas deduz-se também disso que uma negativação suplementar não é necessária, não é obrigatória para que elas sejam empurradas em direção à relação compensatória, empurradas a procurar um complemento fálico do lado do homem — embora essa compensação difira segundo se procure pela via do amor ou do desejo de um homem, porque ela não investe necessariamente a genitalidade. Chamemos de heterossexual todo aquele que ama as mulheres, diz Lacan. Sim, porque ela é o Outro, mas para as mulheres é preciso inverter: toda mulher que ama os homens não é hétero genital, pois para uma mulher amar, inclusive desejar um homem, não é obrigatório amar a genitalidade. A prova é pela histérica. Isso deveria ser desdobrado.

A tese sobre a função liame da castração masculina não é nova, ela data dos anos cinquenta. Já líamos aí que para o homem a castração libera o desejo[5], e ele os nomeava "detentores do desejo" afirmando que "não há virilidade que a castração não consagre"[6]. Aqui, um parêntese: a castração simbólica, própria ao homem como sujeito, não deve ser confundida, penso, com o que se elabora do gozo fálico dito "castrado" — pois submetido à fragmentação linguageira do corpo — e que não é própria do homem, porque,

[4] *Ibid.*
[5] LACAN, J. (1958) Diretrizes para um Congresso sobre a sexualidade feminina. In: LACAN, J. (1966) *Escritos.* Rio de Janeiro: Jorge Zahar Ed., 1998, p. 744.
[6] *Ibid.*, p. 742.

para todos os falantes, a linguagem na qual eles se alojam traz "o golpe do real".

Lacan, antes

Um pequeno retorno aos textos anteriores, para medir exatamente a aposta das contribuições de 1970. Seu traço comum é que todos falam ainda da mulher sem barrar o *a*, e que o objeto *a*, substancial, ainda não está construído.

Se relemos "A significação do falo" e "Diretrizes para um congresso sobre a sexualidade feminina", podemos constatar, só depois, que muitas fórmulas já estão presentes. "A significação do falo", páginas 701-702, constrói já a lógica do casal heterossexual a partir da "função do falo", à qual estão submetidas as relações entre os sexos, que giram em torno de um "ser e de um ter" — a expressão é retomada em "O aturdito". O ponto essencial sendo que o falo é em função tanto na demanda de amor como no desejo e aí opera como recalcado. Recalcado quer dizer desconhecido — donde sua representação no grafo do desejo por um ponto de interrogação. O desconhecido preside a dominância do parecer [*paraître*], a exibição cômica das insígnias do sexo, próprias a cada discurso, os "ares de sexo" que já evoquei. O parecer [*paraître*] é evidentemente sempre assujeitado às exigências do Outro, mais precisamente aos ideais que ele enuncia. É para ele que se mostra, que se faz amável, porque visa satisfazer a demanda de amor. E Lacan apresenta um condensado clínico característico da vida amorosa, marcado por uma dissimetria típica, reconhecida por Freud, assim como fora da psicanálise, mas à qual ele dá razão pela função do falo ao mesmo tempo no amor e no desejo. Ele profere primeiramente sobre a mulher. Para ser o falo, o significante do desejo do Outro, o Outro a quem ela dirige sua demanda de amor, ela rejeita uma parte essencial de sua feminidade na mascarada, mas seu desejo encontra seu significante — Lacan não diz sua causa — no corpo deste, o órgão tomando assim função de fetiche (equivalente de *a*). O amor e o desejo convergem, portanto, para ela sobre o mesmo objeto. Função de fetiche quer dizer que o falo que falta se encontra deslocado alhures.

No homem, ao contrário, demanda e desejo engendram outros efeitos, percebidos por Freud como "depreciação", e que Lacan pensa esclarecer pela função do falo. O homem satisfaz sua demanda de amor na relação com a mulher, mas seu desejo do falo faz ressurgir seu significante em "sua divergência remanescente em direção a 'uma outra mulher'", virgem ou prostituta. Assim se encontra ressituada a infidelidade masculina em contraponto da não menos suposta fidelidade feminina. Assim temos um retrato do Ulisses e da Penélope do sexo.

É bem claro que o que é questionado e parcialmente elucidado são os dois princípios do laço: amor e desejo. O gozo é muito pouco evocado e seu estatuto não é questionado. Em todos esses desenvolvimentos, o único instrumento estrutural do qual Lacan dispõe é a função do falo para os dois sexos, mas para cada um por sua vez no amor e no desejo carnal. Esse papel dado à diferença amor/desejo é de Lacan, ela não vem de Freud. O amor dá o que o sujeito não tem, a saber, sua falta, o significante dele é o falo; o desejo visa, de preferência, recuperá-lo. Isso parece muito convincente. No entanto, percebe-se bem que demanda de amor e desejo carnal não estão no mesmo nível. No amor, é a falta a ser que opera: aquele que ama dá sua falta a ser e, correlativamente, demanda um complemento de ser; no desejo é uma outra falta que joga: a do objeto perdido, escrito como objeto *a*, que tem substância de corpo e que Lacan já tinha abordado no seminário 11, quando dizia que a realidade sexual do inconsciente era a pulsão. À data de "A significação do falo", Lacan homologa essas duas faltas, a falta-a-ser e a falta substancial, sob o único significante fálico, e é o que ele corrigirá com seu objeto *a*, que não é um significante, mas uma causa corporal, como já disse. Aqui o gozo corporal não é evocado senão sucintamente a propósito da frigidez e da impotência. Ele nota que, para a mulher, a frigidez é tranquilamente suportada, enquanto, para o homem, a impotência é o contrário — o que é clinicamente exato —; e ele tenta dar conta disso pela convergência de amor e desejo sobre o mesmo objeto, no caso da mulher, e pelo caráter centrífugo do desejo do homem.

As "Diretrizes para um congresso sobre a sexualidade feminina", escrito em 1958, antes da construção do objeto *a*, diferem de muitas maneiras e vão mais longe que o precedente. São consagradas à doutrina analítica sobre as mulheres e, portanto, o antecedente dos desenvolvimentos sobre a *nãotoda*, voltarei a isto especificamente, mas ele permanece sobre as mesmas construções. Lacan observa que na data em que ele escreve "o orgasmo vaginal guarda invioladas suas trevas"[7] pela penetração analítica — ironia da palavra *penetração* —; e a questão para nós é saber se essa treva foi enfim violada com as fórmulas da sexuação.

Ele mantém as aquisições precedentes, "a posição chave do falo" para os dois sexos. Precisa como, para a mulher, a castração do homem joga em sua relação, apresenta antecipações impressionantes do gênero: "tudo pode ser imputado à mulher, já que, na dialética falocêntrica, ela representa o

---

[7] *Ibid.*, p. 737.

HOMENS, MULHERES

Outro absoluto"[8] e segue ousando até concluir sobre o gozo feminino e o desejo feminino. O acento está, portanto, já sobre a identidade sexuada do gozo, que ele retoma em "O aturdito" com, ao menos, a ideia da escolha possível entre duas lógicas.

No que concerne à escolha de objeto, uma única frase. Para os dois sexos, a falta fálica é a razão disso, mas Lacan coloca uma diferença típica: "a posição do sexo difere quanto ao objeto, é por toda a distância que separa a forma fetichista da forma erotomaníaca"[9]. Que isso quer dizer? Ambas as categorias não designam aqui as estruturas clínicas perversa ou psicótica, mas a modalidade da escolha de objeto. Se ela é fetichista para o homem, é porque o objeto é escolhido sobre o eixo do desejo que a castração libera e que vale como substituto fálico, donde o lado centrífugo que falei; se ela é erotômana, é que o objeto é escolhido sobre o eixo do amor, em pretensão eletiva, menos centrífuga, e que exige mesmo a exclusividade. Tal erotomania não se define pelo postulado psicótico "ele me ama", mas pela propensão a amar — sem esquecer que amar é querer ser amado. Ele indicará que, se a castração é o próprio do homem, amar é o próprio da mulher. Lacan ordena assim a dissimetria da escolha de objeto em função do "*spliting* do objeto"[10] segundo as duas dimensões do amor e do desejo.

"Radiofonia", em 1970, marca uma outra etapa: então ele já dispõe da construção do objeto *a* e da fórmula "não há relação sexual". O gozo do casal de suplência já é evocado na página 437 de *Outros Escritos*. Não há "nenhuma estesia

[8]*Ibid.*, p. 741.
[9]*Ibid.*, p. 742.
[10]*Ibid.*, p.741.

do sexo oposto", diz Lacan, mas ele tenta definir dessa vez não apenas o desejo do sujeito, mas o gozo do corpo a corpo. "O gozo em que ela se sustenta é, como qualquer outro, [eu sublinho o *como qualquer outro*] articulado pelo mais--de-gozar [...]"[11]. A expressão "articulado" não é muito precisa, mas ela diz que o gozo genital do orgasmo é induzido por um mais-de-gozar, "através do qual, nessa relação, o parceiro só é atingido (1) no caso do vir, ao ser identificado com o objeto *a*, fato claramente indicado, no entanto, no mito da costela de Adão, [...] (2) no caso da *virgo*, ao ser reduzido seja ao falo, isto é, ao pênis imaginado como órgão da intumescência, ou seja, ao inverso de sua função real"[12]. Isto é o que está escrito no esquema do *Mais, ainda* pelas duas flechas que vão de $\$$ a *a*, e do *a* barrado ao falo.

Alguns comentários. Quer dizer que a mulher pelo *ahomenosum* vem substituir mais que o significante da castração no nível simbólico, o objeto perdido realmente como fragmento do corpo que sustenta o desejo. Ela é causa do desejo sem dúvida, mas causa substantificada. Quanto a ela, seu desejo carnal não vai ao homem enquanto pessoa, mas a seus atributos de macho, os atributos que ela "preza em seu parceiro", como diz, em algum lugar, Lacan, os mesmos que ele dizia que são fetichizados. No campo fechado da sexualidade, o texto "Radiofonia" instaura, portanto, a clínica diferencial de uma simetria, havendo dos dois lados um objeto parcial como causa do desejo, *a* para o homem, ou órgão para a mulher. O esquema do *Mais, ainda* o inclui, mas ele corrige essa simetria, introduzindo para a mulher barrada outra relação figurada pela segunda flecha.

[11]LACAN, J. (1970) Radiofonia. In: LACAN, J. *Outros escritos*. Rio de Janeiro: Jorge Zahar Ed., 2003, p.437.
[12]*Ibid.*, p.437- 438.

HOMENS, MULHERES

Karl Abraham já tinha sublinhado bem que na mulher o desejo sexual não se dirigia ao parceiro, mas a essa parte do corpo significantizada que lhe falta, da mesma forma que as pulsões a-sexuadas não conhecem do parceiro a não ser o objeto que elas contornam. Foi daí que partiu na IPA (*Internacional Psychoanalytic Association*) o acento colocado sobre a distinção entre objeto parcial e objeto total e de onde derivou, além disso, a oposição das personalidades pré-genitais, supostamente infantis, e as personalidades genitais, supostamente adultas. Preconceito contra o qual Lacan batalhou, porque em matéria de sexo "não há pessoas adultas". Esta é uma citação, feita por François Mauriac em suas *Antimemórias*, de um padre que fazia o balanço do que lhe tinha ensinado a confissão dos pecados: "não há pessoas grandes". A sexualidade macho permanece perverso-polimorfa, é o que diz o "como todo outro articulado do mais-de-gozar", e Lacan dirá a "perversão que considero ser d' O homem"[13]. Em 1972, ele redissimetriza a mulher, acrescentando a ela o outro gozo. Ele tem encantado as feministas porque coloca fim à ideia de que uma mulher seria como um homem diminuído.

DISCUSSÃO

Cathy Barnier: Quando uma mulher... para entrar na mascarada e, portanto, para alcançar o parceiro, ela recuperaria um gozo feminino no corpo a corpo, ou esse gozo feminino é a mesma coisa que o gozo outro?

Colette Soler: Sim, Lacan o diz textualmente desde "Diretrizes para um Congresso..." e em "O aturdito".

---

[13]LACAN, J. (1973) Televisão. In: LACAN, J. *Outros escritos*. Rio de Janeiro: Jorge Zahar Ed., 2003, p. 538.

Portanto, o gozo outro é o gozo sexual da mulher, aquele que Tirésias já tinha evocado e sabemos há muito tempo que na genitalidade o gozo de uma mulher não é o mesmo que o de um homem. A evocação dos místicos por Lacan criou uma espécie de problema; ela surge quando da relação sexual, se ela surge, o que não é o caso garantido.

Lacan começa a falar da mascarada em 1958, voltando a isso em "Televisão", e é lá que ele introduz a expressão "os ares de sexo" para designá-la. A mascarada consiste em se conformar ativamente ao que o outro espera. Há vários níveis da mascarada: o nível do parecer da imagem, do que o homem espera das mulheres. Há, portanto, toda a dimensão imaginária da aparência feminina. "Ela é muito feminina" quer dizer que há em seu modo de falar, de se vestir, de bater os cílios etc., os ares femininos. Isso muda muito segundo as épocas. Em uma época, para ter o ar de mulher, era preciso desmaiar a cada três minutos, ter sais à mão; agora o estilo mudou. Portanto, há um nível ao mesmo tempo simbólico e imaginário. Um homem dizia: "eu não suportaria uma mulher que ganhasse mais que eu". Aí não estamos mais no imaginário, mas em um outro falicismo.

Em "Televisão", Lacan leva a coisa mais longe. Ele diz que é uma tentativa para se conformar à fantasia do homem, a fantasia do homem não estando nem formulada, nem formulável. Portanto, uma tentativa para reunir um desejo apoiado em uma fantasia que permanece uma questão para a mulher parceira. Do qual é preciso se tornar parecido com o que não se sabe. Ele tem, portanto, a ideia de que a mascarada não se detém ao pé da cama; mesmo no nível do ato sexual há uma dimensão de mascarada.

Evangelina Planas: Essa estrutura do amor e do desejo é aplicável a todas as estruturas clínicas? À psicose?

C.S.: Eu creio que sim e que essa é a ideia de Lacan. É o que ele diz quando é interrogado sobre o S, S_1, S_2, objeto *a*, se isso vale na psicose, e ele responde sim, os psicóticos são seres falantes, portanto, subtração do objeto *a*, de um modo ou de outro — talvez não idêntico.

As questões sobre a psicose vêm das primeiras construções que Lacan fez, que levaram a pensar que não havia castração na psicose, não havia desejo, mas ele não se manteve sempre neste ponto. Que haja desejo na psicose é evidente clinicamente, que haja amor também. Evidentemente, encontramos textos de Lacan do começo em que ele diz que o amor na psicose é um amor morto, o que supõe que na neurose é um amor vivo. Seria preciso definir o que é isso, mas são textos em que ele marcava as diferenças. Demanda de amor na psicose sim, desejo sim, e depois resta ver, no caso a caso, como isso é construído.

Marjolaine Hatzfeld: Em que momento Lacan muda de opinião sobre a psicose? Eu tenho ainda em mente o "Discurso aos psiquiatras", em 1966, no qual ele diz: o psicótico tem o objeto a no bolso.

C.S.: Sim, justamente, isso quer dizer que o objeto *a* está destacado. Quando se tem alguma coisa no bolso, isso não faz parte de seu corpo. Ele está destacado, mas não investido mais além na realidade. Isso indica uma relação diferente. Ele tem o objeto *a* em seu bolso, o que implica duas coisas: há o objeto *a*, uma negativação, um fragmento de vida extraído sob o efeito da linguagem; mas, desse fragmento, o uso pode diferir de sujeito a sujeito e de estrutura a estrutura.

O que é que corresponde em Freud a tal problemática? É o que ele elabora em termos de investimento narcísico ou não da libido, que fica do lado do sujeito; ou, ao contrário, vai investir noutros objetos. O objeto *a* no bolso designa o investimento da libido psicótica causada pelo objeto *a*. Freud fala de investimento narcísico, é por isso que ele fala de psiconeurose narcísica para designar a psicose. É exatamente porque há o objeto a destacado que podemos fazer análise de psicóticos, que podemos dar algumas indicações de como a gente se coloca na transferência com um psicótico.

Christine Hopper: Eu pensava na mascarada: se é procurar se conformar ao que não se sabe, é forçosamente um encontro perdido. Seja qual for o investimento, isso nos leva a pensar que não há relação sexual.

C.S.: Sim, tudo vem daí. O que é que liga? Quais são os princípios do laço, estando entendido que o gozo de corpo não faz laço, ele é autista. O que é que faz laço? Demanda e desejo são nossos dois termos para dizer o que faz laço. O amor vai em direção a outro sujeito, o desejo vai em direção ao corpo, isso faz laços. Quando se diz mascarada, não é apenas para denunciar, ela tem justamente uma função de laço, o sujeito indiferente ao outro não está jamais na mascarada.

OITO

21 de março de 2018

Sobre a questão dos homens e das mulheres, tentei marcar as experiências de Lacan até 1970. Sublinhei que em "Radiofonia" ele propõe uma tese sobre o estatuto do gozo do próprio ato sexual, dizendo que ele se articula de um mais-de-gozar, como todo outro, do objeto *a* para o homem e, para a mulher, o pênis ereto. Ele acrescenta em seguida: donde "os dois rochedos: 1) da castração, em que o significante mulher se inscreve como privação, o que mostra o mito da costela perdida; 2) da inveja do pênis, em que o significante homem é ressentido como frustração"[1]. Com essas duas afirmações, muda-se de registro. Não se trata mais do gozo, mas de sua repercussão subjetiva do lado do sujeito. A mulher é isso de que o homem se sente privado, como ele é privado do objeto *a*. Eu lembro que a privação para Freud é real, mesmo se ela supõe a inscrição simbólica do objeto. Aí haveria uma inversão em relação a Freud. É o homem que é privado. Em compensação, a mulher como sujeito está na frustração, imaginária, quanto ao falo, ainda que seja efetivamente privada do órgão.

---

[1] LACAN, J. (1970) Radiofonia. In: LACAN, J. *Outros escritos*. Rio de Janeiro: Jorge Zahar Ed., 2003, p. 438.

Lacan tenta esclarecer diferentemente o impasse sexual tal como Freud o pensou, com a consequência do impasse do fim da análise. Os três termos, amor, desejo e gozo, que são termos da língua comum que os romances mobilizam, reconduzem a dois termos no plano da estrutura: de um lado, o sujeito $ dividido é o sujeito que ama e/ou deseja, pois, homem ou mulher, ele cai sob o golpe do efeito de linguagem; e do outro lado, o gozar que é do corpo, este gozar que vem pelo objeto compensatório, respondendo ao gozo primariamente faltante. Impossível situar esse objeto em termos de sujeito, mesmo que ele cause o sujeito; ele se refere ao corpo e ao seu gozo mortificado, mesmo que para cada sujeito ele adquira na fantasia as cores do imaginário e do simbólico.

Essa linha de compartilhamento é essencial, como já disse, para situar o que comanda a sexualidade. Com a incidência das identificações edipianas do sujeito, Freud a procurou do lado do sujeito, implicando assim os ideais do eu no ser mulher ou homem. Ora, as identificações ideais supõem sempre se inscrever sob um significante do Outro. Lacan simplificou, fazendo da identificação ao falo como significante do desejo do Outro, a chave das identificações ideais que governam as imagens e significantes do sexo Com "O aturdito" é outra coisa que se elabora, o ser homem ou mulher está correlacionado aos modos de gozo, os quais estão inscritos em duas lógicas: aquela em que um todo consistente é gerado; e aquela em que ele não o é e em que o múltiplo de todas as mulheres não faz um conjunto. Entre essas duas modalidades, uma escolha é possível, segundo Lacan. Há, portanto, como uma liberdade; em todo caso, uma dissociação do modo de gozo em relação à anatomia. Daí a fórmula ulterior "eles se autorizam de si mesmos"

HOMENS, MULHERES

— os seres sexuados —, subentendido não do Outro, não do Outro das identificações. Voltarei a isso.

Por ora, gostaria de abordar uma outra questão, suscitada pelo esquema do *Mais, ainda*. Qual é o alcance sexual da exceção que existe ao conjunto, o alcance sexual do dizer que não, qualificado de paterno? Lembro qual é a operação de Lacan com suas fórmulas da sexuação: o falo é pré-atribuído *a priori*, eu disse, ao portador do órgão, mas isso deixa em questão seu uso posterior, no ato genital, em relação a um outro corpo, dito de outro modo, seu uso na sexualidade. Donde a necessidade de alguma forma de reatribuição para constituir o homem do ato sexuado. Freud não colocou essa questão, mas deu a resposta: a eficácia fálica, mais precisamente a produção do Homem — eu utilizo uma maiúscula para designar o homem enquanto polo sexual relativamente à mulher, o que não é o todo de um falante —, pois bem, a eficácia, segundo Freud, passa pela castração ligada ao Pai. A operação de Lacan é sobrepor à tese freudiana, da qual ele dispõe desde o começo, a lógica dos conjuntos, que coloca que um conjunto consistente supõe uma incompletude, um termo que não pertence ao conjunto. É uma dedução do mito freudiano sobre as determinações incontornáveis que gera a lógica. Eu digo lógica da linguagem, que se impõe a todos, mas precisaremos retornar a isso. E Lacan, portanto, identificou esse termo que, em boa lógica, todavia não pertence ao conjunto que ele constitui, nomeado pai em Freud, mas antes de Freud também, "segundo a tradição", diz "O aturdito"[2]. E, evidentemente, colocando as bases lógicas da tradição assim como do freudismo, dissociamos o que

[2]LACAN, J. (1972) O aturdito. In: LACAN, J. *Outros escritos*. Rio de Janeiro: Jorge Zahar Ed., 2003, p. 457.

deles é efeito de discurso, efeito dos laços sociais historicamente organizados, para guardar deles o que é a priori,
ligado à própria linguagem. Eis aí o que está garantido, eu
acho. Mas resta uma questão: nem todo ato sexual é heterossexual, isto é um fato da experiência comum, e a questão
que se coloca é saber o que a heterossexualidade deve ao
pai, ao menos um da função fálica. Eu interrogo, portanto, o
alcance sexual da exceção paterna.

O alcance sexual da exceção

O esquema do *Mais, ainda* correlaciona o casal hétero aos
dois lados das fórmulas do todo e do *nãotodo*, como se essas
fórmulas gerassem o homem e a mulher heterossexuais. As
flechas inscrevendo a libido se dirigem para um outro corpo
heterossexuado: o desejo do homem procura seu objeto
a do lado mulher; e o desejo de A̶ mulher que o procura,
pelo menos por uma parte, do lado homem sob a forma do
órgão erétil fetichizado. Há aí uma simetria, já colocada
em "Radiofonia". A dissimetria, por outro lado, se inscreve
do lado mulher pelo acréscimo para ela da segunda flecha
em direção ao que é escrito $S(A̶)$ e que fica no espaço do
nãotodo. A flecha figura a novidade de "O aturdito", pois
a inscrição do grande phi (Φ) do lado homem não é uma
novidade em relação aos textos precedentes. Eu reservo o
comentário disso por ora.

Esse esquema do casal heterossexual, escrito sob as duas
fórmulas que Lacan substituiu ao Édipo freudiano, deixa
pensar que a exceção fundadora do $\forall x\Phi(x)$, que condiciona
a relação de objeto pela castração, decide também o sexo do
parceiro e especificamente a heterossexualidade masculina.
Mais precisamente, ele deixa pensar que a exceção chamada
paterna, com sua consequência de castração, é a condição

da heterossexualidade masculina, enquanto a heterossexualidade da mulher não necessita disso.

Eu me dirijo agora aos comentários de Lacan em torno do esquema que o texto do *Mais, ainda* acrescenta. Eles parecem ir no mesmo sentido. Esses comentários, mais ou menos improvisados, são sempre interessantes porque um matema é, por definição, silencioso, e cada vez que Lacan lhe empresta a voz, nos esclarece sobre a concepção que se faz dele. Ele começa por lhes minimizar o alcance, dizendo que esse esquema não lhe parece exemplar e que ele se presta ao mal-entendido, nos incitando assim a perceber seu caráter de ensaio e a não absolutizá-lo.

Ele repete em seguida sua tese sobre o $\exists x$ não $\Phi(x)$, dizendo: "É o que se chama a função do pai de onde procede pela negação [...] (o dizer que não) que funda o exercício [eu sublinho *exercício*] do que supre pela castração a relação sexual"[3]. Lembro a dupla função do registro fálico: de uma só vez ele objeta a relação pelo gozo que ele comporta e, ao mesmo tempo, supre a relação; é o que tenho chamado sua função de ligação. Trata-se nessa frase exatamente da função do pai na constituição da sexualidade do macho, aquele que Freud tratou pelas identificações familiares e pelo mito do "Totem e tabu", em que o assassinato do Pai está na origem da lei que abre para os irmãos a possibilidade da heterossexualidade. Não poderíamos dizer mais claramente que a castração, que, contrariamente ao objeto *a*, supõe a exceção pai, funda para o homem o exercício da relação heterossexual — e o exercício não é o simples desejo, mas implica o ato. Anteriormente, página 97, ele já tinha dito mais

---

[3]LACAN, J. (1972-1973) *O seminário, livro 20: Mais, ainda*. Rio de Janeiro: Jorge Zahar Editor, 1985, p. 107, aula de 13 de março de 1973.

categoricamente não apenas que a função fálica "serve para se situar como homem e abordar a mulher" mas que, "para o homem, a menos que haja castração, isto é, alguma coisa [sublinho o *alguma coisa*] que diz não à função fálica, não há nenhuma chance que ele goze do corpo da mulher, dito de outro modo, faça o amor." Isso é categórico e dá uma definição do fazer o amor: "gozar do corpo da mulher"; a tese é claramente a necessidade do pai para que o objeto seja o objeto feminino, dito de outro modo, que o objeto *a* seja procurado do lado de uma mulher mais do que de todos os outros objetos possíveis que já tenho enumerado, um outro homem, mesmo um cadáver, e até mesmo as *gadgets* do mercado. Há um eco muito explícito dessa tese na conferência "Joyce, o sintoma II", quando uma mulher é definida como "um corpo que goza de um outro corpo"[4].

Mas há um porém, já que ele acrescenta que no caso contrário "isso não impede que ele possa desejar a mulher de todos os modos [...]". Com efeito, a causa do desejo não é a mulher, mas o objeto *a*, que é a-sexuado, cuja subtração não deve nada ao pai e que não decide do objeto visado pelo desejo. Para desejar, portanto, não há necessidade da exceção chamada paterna. Lacan acrescenta apenas que "não somente ele a deseja, mas lhe faz todo tipo de coisas que parecem surpreendentemente com o amor". Então, aí, problema e mesmo diversos problemas. Como ele diz, as convicções não faltam, e o compreendemos se percebermos o quanto "o dizer é uma encarnação distinta do sexo"[5]. Eu ironizei na discussão da última vez, mas é preciso ver se

---

[4]LACAN, J. (1975) Joyce, o sintoma. In: LACAN, J. *Outros escritos*. Rio de Janeiro: Jorge Zahar Ed., 2003, p. 565.
[5]LACAN, J. (1972-1973) *O seminário, livro 20: Mais, ainda*. Rio de Janeiro: Jorge Zahar Editor, 1985, p. 54, aula de 16 de janeiro de 1973.

podemos fundar em razão estrutural as convicções e especificamente essas teses. Ora, o problema é que ele mesmo coloca do lado do ∀xΦ(x), portanto, condicionado pela exceção pai, todo "fora do sexo" que ama os homens e que, portanto, se subtrai das mulheres. E ele retoma, no *Mais, ainda*, dizendo que no todo há também os homos fora do sexo, mesmo mulheres fálicas, as leis da anatomia não prevalecendo, portanto, aqui, mas que o Homem hétero, com uma maiúscula, aquele que se coloca em relação à mulher e que ex-siste, segundo "Televisão", supõe a exceção. Haveria, portanto, se aproximamos todos esses textos, no para todo *x*, além da distinção entre hétero e não hétero, dois gêneros de heterossexuais: os verdadeiros, aqueles que gozam do corpo da mulher, e os outros que, mesmo no corpo a corpo do sexo, se subtraem da *nãotoda*, que a desejam porém não gozam de seu corpo. Sem dúvida, supõe-se que eles não gozariam senão de seu órgão. Seria o eco de antigos textos do tempo das *Formações do inconsciente*, nos quais Lacan observava que, no seio mesmo da heterossexualidade, um homem pode ser simplesmente o homólogo de um homo, e ele tomava Hans como exemplo, postulando que ele não asseguraria sua virilidade senão por identificação a seu órgão, e não pela castração fálica. Eu acho — convicção, nada mais — que essa distinção entre dois tipos de hétero é, sem dúvida, eloquente para as mulheres em suas experiências dos homens, mas, outro mas, essa heterossexualidade verdadeira não é um outro modo de reestabelecer o que ele tem de tal modo criticado e zombado, a saber, a chamada "oblatividade genital", que fazia da heterossexualidade um valor e da qual se teria podido dizer que ela deixava cada um dos membros do casal justamente a seu modo de gozo. Aliás, Lacan não diz sobre aquilo que um homem "pode servir melhor à mulher de quem quer gozar, senão para tornar dela esse gozo que não a faz toda dele"[6]?

E depois, outra contradição: o gozo ligado ao órgão, não absolutamente oblativo, aquele que ele nomeia "gozo do idiota", Lacan o generaliza para todos os homens no fim do *Mais, ainda* e precisa que "o ato de amor é a perversão polimorfa do macho"[7] e que fazer amor "é da poesia", ou seja, do verbo, não do real. Eis aí o que tempera muito o "gozar de uma mulher que coloca um bemol que será sempre mais bem acentuado sobre o gozar do corpo que simboliza o Outro", como ele diz.

Como não perceber em tudo isso uma abundância de contradições? Ela não incide sobre a falta da relação sexual, mas sobre a doutrina que se faz do que ela supre aí. Afirmamos, por um lado, que o pai condiciona a heterossexualidade, embora indiquemos que no todo condicionado pelo pai não há apenas os héteros; e nos héteros há os pseudos, embora todos sejam condicionados pelo pai; e assim o próprio hétero afinal não goza do Outro, mas isso é uma outra fórmula da não relação. Poderíamos certamente procurar resolver essas contradições, dizendo que a exceção paterna é uma condição necessária, mas não suficiente, para fundar pela castração o ato chamado de amor genital do homem, mas ainda seria preciso dizer que ela é a condição suplementar, suficiente. Dito de outra maneira, como isso se decide? Eis aí o que me leva de volta à questão da escolha ou, mais ainda, das escolhas.

---

[6]LACAN, J. (1972) O aturdito. In: LACAN, J. *Outros escritos*. Rio de Janeiro: Jorge Zahar Ed., 2003, p. 467.
[7]LACAN, J. (1972-1973) *O seminário, livro 20: Mais, ainda*. Rio de Janeiro: Jorge Zahar Editor, 1985, p. 98, aula de 20 de fevereiro de 1973.

Uma escolha?

A questão da escolha do ser sexuado é evidentemente nova em relação a tudo o que precede "O aturdito", pois esse é o primeiro texto que evoca uma escolha em matéria de identidade sexuada — reacentuada em seguida com o famoso "eles se autorizam por si mesmos". Mas de que escolha se trata?

Acabo de mostrar que há várias escolhas evocadas, a escolha entre o todo e o *nãotodo* e, além disso, de cada lado, a escolha de objetos parceiros, que não dependem dessa primeira escolha. Começo por ela, pois essa questão da escolha de objeto tem sido formulada há muito tempo no movimento analítico. Em que condição o Outro, entendam o Outro sexo, se torna parceiro? Dispomos de algumas pistas a esse respeito. Uma lacuna separa os dois sexos devido à sua disparidade em relação ao falo e seus gozos diferenciais, sua aproximação supõe, portanto, que a seu binário se acrescente alguma coisa que faça "tripé". O que instaura um terceiro termo, nomeado "falo sublime"[8]. É esse falo sublime que faz cópula para o homem que perdeu "sua rota", o que quer dizer que ele não é guiado pela inscrição de uma relação. Pois bem, para esse homem, o falo sublime é a via de substituição que o guia para "sua verdadeira cama", sublinho verdadeira, a da *nãotoda*, que, portanto, não se torna parceira a não ser uma vez que é elevada ao falo sublime, que é portanto a via da heterossexualidade do homem. O falo sublime é um nome do que falta ao homem devido à castração. Essa sublimidade não deixa de evocar a idealização do objeto feminino, sublinhada por Freud como própria do homem e que vem contrabalançar de algum modo a

---

[8]LACAN, J. (1972) O aturdito. In: LACAN, J. *Outros escritos*. Rio de Janeiro: Jorge Zahar Ed., 2003, p. 469.

intumescência precária de seu órgão. Mas o que é que predispõe a *nãotoda* a ser elevada ao falo sublime mais que a um outro parceiro? A tese corrente diz que é a ausência do pênis e, portanto, do gozo que ele comporta. Houve uma época em que Lacan dizia que é a ausência do pênis que a faz falo. No começo do *Mais, ainda* é a mesma ideia quando, a propósito do Outro, o outro sexo, ele evoca seu corpo, "o corpo do Outro que o simboliza"[9], o Outro. A mesma tese é retomada, mais adiante, nas passagens concernentes aos equívocos da interpretação: o acesso ao Outro do sexo pela perversão polimorfa das pulsões parciais não pode se fazer senão pela passagem desse Outro ao significante, ele não diz mais sublime, porém "maior", o falo[10]. Essa tese é certamente coerente, mas seria ela mais do que um modo de redizer que a sexualidade, como relação entre os corpos, é duplamente condicionada pelo registro pulsional e pela falta da castração, que pesa sobre todos aqueles que se ordenam no para todo e que, no entanto, não são todos héteros? A contradição não está, portanto, resolvida.

Seria preciso render-se e simplesmente endossar um limite do saber analítico sobre a causa real, suficiente, da escolha de objeto erótico? Concluo, em todo caso: nada nas fórmulas da sexuação, com o que elas implicam de reformulação do Édipo, autoriza a fazer da heterossexualidade uma norma analítica do para todo x.

Volto-me à outra escolha, que é aquela do objeto, aquela que é evocada a propósito dessas fórmulas, aquela do modo de gozo ao qual elas estão ligadas, isto é, da escolha do

---

[9]LACAN, J. (1972-1973) *O seminário, livro 20: Mais, ainda*. Rio de Janeiro: Jorge Zahar Editor, 1985, p. 12, aula de 21 de novembro de 1972.
[10]LACAN, J. (1972) O aturdito. In: LACAN, J. *Outros escritos*. Rio de Janeiro: Jorge Zahar Ed., 2003, p. 495.

próprio ser além das imagens e dos semblantes do sexo. A ideia da escolha entre o todo fálico e o *nãotodo* fálico indica, primeiramente, que não é a anatomia, com sua pré-atribuição de uma identidade sexuada, que decide o modo de gozo. Mas como conceber uma escolha subjetiva de gozo se o gozo não é do sujeito, mas do corpo que ele tem? E ainda, mesmo que pudéssemos generalizar ao gozo a fórmula dada para o sintoma, ele é "acontecimento de corpo", o que quer dizer que ele se impõe ao sujeito e, surpreendentemente, nem sempre para seu prazer. O gozo do corpo não é sempre acontecimento? Isso vai do traumatismo e de sua marca originária até o sintoma, mas vale também para o orgasmo, para o qual não há, nem de um lado nem do outro, acontecimento seguro. Seria preciso desenvolver aí as manifestações da angústia de castração, particularmente visível para o homem, porque para ele a possibilidade de não poder sexualmente é como uma espada de Dâmocles. Sublinhei frequentemente o paradoxo dessa ideia de escolha, mesmo que no blá-blá-blá contemporâneo ela esteja em toda parte, graças a Foucault.

Estou novamente atrelada a essa questão. Em termos lógicos, Lacan diz que os seres fazem argumentos à função, isso não convoca ainda a ideia de uma escolha. Mas, "de dois modos, subentendido quânticos (trata-se dos dois modos escritos do lado direito, "não existe" e do "não todo"), depende que o sujeito se proponha ser dito mulher". E, de fato, este que se diz mulher no discurso, devido à ausência do pênis, e o dizemos *a priori*, sublinhei bastante, pois bem, o que se diz mulher é suposto ser outro que o fálico. A escolha, quanto a ele, é inscrita pela seguinte expressão: o sujeito "se propõe" ser dito mulher, o que indica claramente uma intenção. Há outras expressões: Lacan fala dos seres que se organizam "sob a bandeira das mulheres" ou, no *Mais, ainda*, dos seres que assumem o *status* de mulher. Dito de outro modo: aqueles que consentem com o veredito *a priori* quando eles são mulheres; e sabemos mesmo que há sujeitos que não consentem, que afirmam o erro primário da anatomia e do dito *a priori*. No discurso da tradição, as vozes dos sujeitos que recusam a atribuição sexual eram amordaçadas e rejeitadas no campo das perversões ou da loucura, mas hoje, com o capitalismo, que é indiferente em matéria de sexo e de amor, eles têm, como eu disse, direito de cidadania. Mas como essa escolha de um sujeito em relação aos ditos do Outro social e familiar, ilustrada pela clínica, que compreendemos bem e que é além disso bastante precoce, precedendo mais frequentemente os encontros do sexo, como essa escolha se ajustaria ao gozo do corpo que o sujeito não comanda? É toda a distância que há entre ser dito ou se dizer e ser, ser dito ou se dizer Outro e ser Outro. Sabemos bem como um sujeito pode escolher essa recusa, que não é nem recalque, nem foraclusão, mas uma posição de negatividade tomada a respeito de um significante, o da mulher. Lacan precisa no *Mais, ainda* que este "a" é um significante que existe realmente no Outro e que marca no Outro o lugar da mulher como Outro. Então, um sujeito pode recusar perfeitamente toda atribuição sexual, como esta autora americana da qual se falava em Bordeaux, que fez um best-seller afirmando que ela e sua companheira não querem se inscrever sob nenhum significante do sexo. Mesmo que seu ser de sujeito não se confunda com seus gozos de corpo, o que é o caso para todos, será que esse discurso tem o menor efeito sobre o gozo de corpo?

Como, portanto, pensar uma escolha no nível das fórmulas que regulam as modalidades de gozo de corpo (se admitimos que tais fórmulas são razoáveis)? A questão se coloca tanto mais porque a lógica que regula ambas as modalidades de gozo só tem sentido no campo da linguagem, que estrutura a fala. Fora da linguagem não há lógica. Ora, por definição, a lógica não deixa nenhuma escolha, ela se impõe com suas restrições, sejam quais forem. Exemplo dessas restrições lógicas que nos são familiares e às quais ninguém escapa, portanto: o impossível na linguagem de escrever ou de dizer a relação dos gozos, porque a linguagem só escreve o Um fálico, que funda a necessidade da repetição, enquanto que o outro gozo, para o desgosto de alguns, parece, não se escreve. Ele não se escreve pela boa razão que o que se escreve é o ravinamento dos significados dos ditos — os ditos deste outro gozo não existem, ainda que a gente os suplique, diz Lacan. O encontramos eventualmente no ato, especulamos a partir das imagens de corpo, é o que faz Lacan quando nos diz: vejam a Santa Teresa de Bernini, mas ela não passa aos ditos. Aquela que não deixa de passar aos ditos é a fálica, aquela mesma que o analisando consome pela associação livre. Eis aí o que estava adquirido no ensino de Lacan antes das fórmulas da sexuação. Então, com isso que não cessa de se impor da lógica da linguagem, como haveria uma escolha possível?

Não sem o dizer

Pois bem, não esqueçamos que a linguagem não impõe suas leis, suas restrições, o impossível ou o necessário, por exemplo, a não ser a partir de seu uso. Se podemos formular que a linguagem não existe e que só existem linguagens dos inconscientes estruturados como linguagens, é porque a linguagem só porta seus efeitos por seu uso em uma fala. Conclusão: o dizer, o dizer da fala, ele próprio articulado em linguagem, domina a lógica da linguagem. Ora, o dizer não é determinado, mas determinante. É o que Lacan estabelece no começo de "O aturdito": "Que se diga" é o momento "de existência"[11]; eu formulei é "acontecimento de dizer" a ser distinguido do de corpo. Se podemos convocar o conceito de liberdade é neste nível da existência do dizer, e aí seria preciso refazer o existencialismo de Sartre.

Como a incidência do dizer enquanto ato ex-sistencial e de opção que ele constitui em si mesmo, como se indica em "o que se diz". Dito de outro modo: como o acontecimento de dizer marca o texto do que se diz? Pela gramática. "Que se diga fica esquecido" é o subjuntivo do verbo que indica que não se trata de uma proposição universal, mas de uma proposição modal. Com a valorização do dizer, Lacan acaba, de fato, seu período puramente lógico que triunfou com *De um Outro ao outro* e com *Ou pior*. Doravante todas as suas asserções caem sob o golpe do "se acreditam em mim", como ele próprio diz no Prefácio, que é preciso generalizar, se acreditam no locutor, pois "para que um dito seja verdadeiro, ainda é preciso que se diga, que haja o dizer". É nisto que a gramática, cito, "mede a força e a fraqueza das lógicas que dela se isolam"[12]... Dito de outra maneira: a lógica da linguagem que uma fala supõe, já que a fala está articulada em linguagem, impõe-se àquele que emite a fala, mas sua emissão e seu modo de emissão modal ou assertivo não dependem da lógica, ex-sistem à lógica. Esta fica subordinada ao dizer, e é apenas nesse nível que uma escolha é pensável. A obscura decisão do ser afirmada desde o começo,

---

[11] LACAN, J. (1972) O aturdito. In: LACAN, J. *Outros escritos*. Rio de Janeiro: Jorge Zahar Ed., 2003, p. 449.
[12] *Ibid.*

mas que permanecia impensável, é aqui tornada pensável e obriga além disso a repensar o conceito de foraclusão. Sobre este ponto, coerência de Lacan: o Outro, a *nãotoda*, na análise não se aproxima por seu gozo de corpo ao qual não se tem nenhum acesso e que ela mesma não faz passar ao dito pois o outro gozo aí é refratário. Ela se aproxima pelo que Lacan nomeia "as vias de seu dizer".

DISCUSSÃO

Claire Garson: O que é que está no comando do dizer? É o que Lacan chamou no "L'insu..." o verbal em segunda potência, o que da língua não cessa de não se escrever e que Lacan, no seminário "L'insu...", correlaciona ao dizer. Ele diz isso a propósito da arte, nessa fórmula: há mais verdade no dizer da arte que em qualquer blá-blá-blá, mas isso não quer dizer que passe por qualquer via. E a via em questão é a verbal em segunda potência. Eu queria saber o que pensa sobre isso.

Colette Soler: O dizer é ambíguo em si mesmo, porque ele designa de uma só vez o ato de enunciação e o que se infere de todos os ditos. Temos o exemplo para compreender o que se infere de todos os ditos que dá Lacan a respeito de Freud, quando ele diz: o dizer de Freud, substantivo, é "não há relação sexual", fórmula que Freud jamais disse, mas que se infere de tudo o que ele diz do inconsciente como não veiculando senão o Um fálico. O dizer como substantivo, que parece um pouco com o que Lacan diz quando ele fala da frase única que modula, que orienta toda uma vida, é muito distinto do dizer enquanto ato.

O ato de dizer é outra coisa que a frase que se infere de todos os ditos, verbal à segunda potência. Eu acredito que ele fala do dizer como substantivo, o dizer que se infere de toda uma obra escrita ou pictórica. O que condiciona o ato de dizer, por definição, eu creio, é que um ato — que não é uma passagem ao ato ou um *acting-out* —, um verdadeiro ato tem, sem dúvida, condições, entornos prévios, mas não tem causa. Um ato é causal, não é causado. O dizer no nível do "que se diga" não é causa, é uma emergência possível. Há uma linda definição do possível na última conferência de Joyce: o possível é o que pode não se produzir. Podemos dizer que é um real, mas é um outro real que o real do vivo.

No fundo, o ato de dizer não é verbal, nem à primeira nem à segunda potência.

Cathy Barnier: Se não houvesse contradições haveria uma relação sexual. O fato que haja contradição e limite ao saber analítico é devido à não relação. E, em relação ao homem heterossexual, não se deve tomar ao pé da letra que é aquele que ama as mulheres, já que uma mulher tem necessidade do amor para abordar o outro gozo.

C.S.: Não, o homem hétero é aquele que goza do corpo das mulheres, não que as ama. Lacan disse, certamente, "é heterossexual todo aquele que ama as mulheres"[13], mas o que não quer dizer que isso leva obrigatoriamente a uma relação. A questão que se coloca é outra, é a do ato sexual, da aproximação dos corpos homem/mulher. Nem todo aquele que ama as mulheres vai à cama com elas.

---

[13]LACAN, J. (1972) O aturdito. In: LACAN, J. *Outros escritos*. Rio de Janeiro: Jorge Zahar Ed., 2003, p. 467, "Chamemos heterossexual, por definição, aquele que ama as mulheres, qualquer que seja seu sexo próprio".

Martine Menès: É curiosa essa fórmula neutra.

C.S.: Está escrito, Lacan tomou o cuidado de escolher uma expressão que não é sexuada, que não designa os homens, as mulheres. Há também as crianças que amam as mulheres, em princípio elas começam com sua mãe. Você me dirá, a mãe, a mulher, não se trata absolutamente da mesma coisa. Sim, isso quer dizer todos os seres humanos, falantes, não especificamente os machos.

Martine Menès: Isso me faz pensar na lata de sardinhas que Lacan lembra...

C.S.: Não, a lata de sardinhas é um olhar para ele, como ele o diz àquele que está no barco: "ela não te vê".

Lucile Cognard: O gozo não estaria implicado no ato de dizer? A propósito do final de análise, um ato de dizer diferente pode surgir, que não seguiria alguma coisa escrita de antemão pelos discursos, identificações...; a gente o associa com frequência ao encontro talvez reiterado de uma verdade de gozo do sujeito que não mente e que viria a tornar a verdade semi-dita em uma verdade mentirosa...[inaudível]. Seria isso um ato de dizer que não estaria conectado ao gozo?

C.S.: A relação entre o ato de dizer e o gozo de corpo é mais complexa do que aquilo que eu disse até aqui. O que é certo é que o ato de dizer é determinante, não determinado. A questão é saber se ele mesmo — o ato de dizer — não seria, em parte, não causado, mas condicionado. O ato não é ex nihilo, apenas o significante o é.

Sylvie Chazel: Quando você diz que o ato de dizer não é determinado, que ele é causal, ele é acontecimento, será que seria forçado dizer que haveria condições para que ele surgisse?

C.S.: Há um ato do qual estamos seguros que ele tem condições, é o ato analítico, porque nossa tese é que ele só é possível para um sujeito que foi, ele próprio, transformado pela psicanálise. Quando se diz isso, que a análise produz uma transformação do sujeito que lhe permite assumir o ato analítico, coloca-se bem que há condições do ato analítico. Condições é um bom termo.

Sylvie Chazel: Eu pensava no ato de fala em um sujeito psicótico, que entrou na psicose pelo mutismo, se retirando da fala. Como em um momento ele pode ter um dizer que permitiria sair disso?

Diane Ibled: Em que foraclusão e recusa diferem?

C.S.: Muito simples: uma foraclusão, primeira definição, é a ausência de um significante. Uma recusa é uma posição tomada a respeito de um significante que está lá.

NOVE

4 de abril de 2018

Tenho, portanto, indicado que a escolha entre os dois lados da sexuação só é pensável no nível do dizer, e esse dizer, ainda que inaugurando o que vem a seguir, é... resposta.

A opção do dizer

Resposta ao que o Outro do discurso já tem dito dos homens e das mulheres. Aliás, detenhamo-nos na expressão de Lacan. O sujeito "se propõe ser dito" mulher. Ele não disse que se propõe "se dizer" mulher e nem "ser" mulher. Estamos implicitamente no laço de fala, nos dizemos para... Sublinhei que um dizer não é determinado, mas determinante, senão não haveria escolha, não se poderia falar de um sujeito responsável, porém isso não impede que o dizer tenha condições. Ele é fundador, mas não é *ex nihilo*. O dizer de Carlos Magno inaugurando as universidades ou o de Freud inaugurando um novo laço social com a análise se esclarecem pelo discurso no qual eles surgem e com o qual fazem ruptura, mas sem ser causados por eles. O dizer de cada sujeito, daqueles sobretudo que se propõem serem ditos mulher, não é fundador de um novo laço social, é claro, mas fundador do lugar que ele ocupa no discurso em que ele nasceu — e onde ele já está colocado pelo dizer que presidiu seu nascimento e depois sua educação. Na época em que estamos, que é sem dúvida ainda uma transição, tem-se a impressão talvez de que esse dizer do Outro não mudará jamais fundamentalmente, que falará sempre dos homens e das mulheres. Mas, mesmo assim, pouca dúvida. Em 23 de março de 2018 o rádio anunciava que se prepara uma lei no Canadá para proibir de cumprimentar alguém lhe dizendo *bom dia Senhora* ou *Senhor* porque isso seria lhe fazer ofensa, insulto, caso esse alguém pensasse não ser o que parecia. Aí se tenta remanejar o Outro do discurso. Alguém me falava também de uma reunião em um grupo de especialistas em Luxemburgo onde uma pessoa, me permito dizer uma mulher, entrou dizendo "bom dia, humanos"! São pequenas anedotas, minoritárias, que nos parecem risíveis sem dúvida, mas que indicam claramente uma agitação do discurso, sobretudo se acrescentamos as tentativas que vão se generalizando de remanejamento da gramática para modificar as regras de uso dos acordos e pronomes masculinos e femininos. Vemos que doravante muitos indivíduos "se propõem não", não ser ditos homem ou mulher, neutralizando a atribuição sexual que lhes é feita, seja em favor de outra atribuição, seja recusando ambas. Dito de outra maneira, eles se propõem desligar o dizer de seu elo originário, *a priori*, com o imaginário do corpo anatômico. Ora, quando Lacan diz "eles se autorizam por si mesmos", parece que sobre o mesmo ponto, e ele não diz a partir da observação dos costumes, mas de suas elaborações da experiência analítica, não podemos dizer que ele não esteja em sintonia com sua época.

A escolha de um lado ou de outro, pensável somente no nível do dizer, se indica, sublinhei, pela gramática, subjuntiva e condicional, que são os tempos gramaticais do modal, especificamente do optativo, não do assertivo. Todo o discurso analisando se desenrola no registro do optativo, desde que ele é demanda, demanda que gostaria que... condicional. Quando Lacan diz que o modal "Que se diga", modal marcado gramaticalmente pelo subjuntivo, "fica esquecido", ele denuncia no mesmo lance a mentira — ou a astúcia se vocês preferem — do assertivo. O assertivo, caro a Aristóteles, "todos os homens são mortais", que, de seu tempo gramatical do indicativo, dissimula a opção do dizer da proposição "todos os homens são mortais", dissimula, portanto, de onde parte seu dizer, dissimula sua opção. Evoco aqui o começo de "O aturdito"[1]. A opção do dizer vale para todo aquele que fala, quer seja todo ou *nãotodo*. Lacan indicou que no todo há indivíduos muito diversos, mas no *nãotodo* também. A começar pelo analista, *nãotodo*, como ele explicita cm sua "Carta aos italianos"[2]; é através de seu dizer que o analista se distingue e que se pode ter ideia de seu desejo. Que ele seja *nãotodo*, este analista, não quer dizer que ele participa do gozo outro — seu desejo não é inédito justamente porque ele não visa o gozar? Essa confusão do analista *nãotodo* com a posição feminina ressurge repetidamente em alguns analistas desde a Escola freudiana. Igualmente para os inconscientes estruturados como *uma* linguagem, cada um sendo uma linguagem singular, única, real, e das quais Lacan formula que "ficam no âmbito do *nãotodo* de modo mais certeiro"[3]; eu evoquei em minha última exposição na Escola

---

[1] LACAN, J. (1972) O aturdito. In: LACAN, J. *Outros escritos*. Rio de Janeiro: Jorge Zahar Ed., 2003, p.448.
[2] LACAN, J. (1974) Nota italiana. In: LACAN, J. *Outros escritos*. Rio de Janeiro: Jorge Zahar Ed., 2003, p. 311.
[3] LACAN, J. (1972) O aturdito. In: LACAN, J. *Outros escritos*. Rio de Janeiro: Jorge Zahar Ed., 2003, p. 490.

que não há exceção que não faça um conjunto. Esses dois exemplos, o analista e as linguagens, ambos a serem incluídos na lógica do *nãotodo*, segundo Lacan, deveriam vos prevenir de imaginar que o *nãotodo* é o feminino, como se diz, nos prevenir também de idealizá-lo como fazemos de modo patente. A mulher é, no nível do sexo, um nome comum do *nãotodo* fálico, mas não é o único nome do *nãotodo*, porque, antes de se tratar do sexo, trata-se de lógica. O *nãotodo* lógico não deve ser confundido com o *nãotodo* fálico, que é uma determinação dele. Com efeito, a lógica do *nãotodo* está em toda parte em que se fala sem que opere o menos-um de uma exceção unificante, dita paterna no Édipo de Freud. Como tal, pude mostrar que o capitalismo, acéfalo como a pulsão, pois privado da cabeça grande do Um do significante mestre, sem dúvida, depende também do *nãotodo*. A lógica é a ciência do real, mas apenas do real da linguagem, não do real fora da linguagem. É a psicanálise que "a traz à sua última potência", ciência do real, eu disse, porque a psicanálise implica um outro real além da linguagem.

O Pai nem *a priori* nem *a posteriori*

Daí eu me dirijo um momento a meus desenvolvimentos anteriores, para indicar um ponto que deixei na sombra. Sublinhei que, colocando as bases lógicas do que ele nomeia a tradição e o freudismo, Lacan os dissocia do que neles é efeito de discurso, efeitos dos laços sociais historicamente organizados, para não guardar disso senão o que está ligado à própria estrutura de linguagem, isto é, sua lógica que vale para todos os falantes e que, portanto, se impõe trans-historicamente, porque subtraída à contingência dos discursos. Daí, eu gostaria de trazer uma indicação suplementar, porque isso deixa uma questão em suspenso, e ela é essencial. Tenho desenvolvido longamente as duas dimensões do que faz "t'homem", uma *a priori*, a outra *a posteriori*. Mas como situar a exceção pai a esse respeito? A primeira dimensão determina o que Lacan chama de os lugares que isso se "t'homem", aqueles que Freud se ocupou, ele aponta, e isso começa no *a priori* fálico. Ele nomeia esses lugares, são as quatro posições do semblante; da verdade da não relação que ele implica; do gozo que aí se associa; e da produção do mais-de-gozar. Reconhecemos aí as posições que condicionam a estrutura dos discursos, posto que os discursos, tais como ele os escreve, repartem seus quatro termos sobre elas. Essas posições, sobretudo a do semblante, seria possível imputá-las à função Pai — diferentemente do semblante fálico que está *a priori* e do qual o pai não garante que a limite?

A necessidade lógica da exceção para constituir o todo parece puramente linguageira, mas a flutuação da exceção paterna na história parece subtrair sua necessidade, assim como a dos discursos. Isso me reconduz no fundo à astúcia da operação de Lacan quanto ao Édipo. A exceção, uma necessidade de linguagem, é emprestada à lógica. Mas a exceção de um dizer *ex-sistencial*, por definição, não é uma dessas necessidades de linguagem que se impõem em todos os casos. Ela é ex-sistência, apenas possível, e o possível é o que pode não ter lugar — e que aliás não tem lugar do lado direito das fórmulas. Quando esse dizer possível acontece, quais são seus efeitos sexuantes? Pode-se imputá-la, como Lacan o fez, primeiramente, de ser geradora do Homem hétero, com uma maiúscula, aquele pelo qual o semblante fálico supre a relação? Duvidoso, como já disse. Essa exceção-pai, colocada como condição sexuante do Homem hétero, não é condição suficiente, posto que no todo fálico não há apenas o hétero. De súbito, no nível sexual, os efeitos da castração enquanto ligada ao pai tornam-se uma questão. Eu não me surpreendo mais, desde então, com uma coisa sobre a qual eu me questionei há muito tempo, a saber, a evolução que se pode observar nas definições que Lacan dá da castração. Ele a faz operar, em primeiro lugar, no campo da sexualidade, ligando falo, castração e função pai, mas em seguida, ele a situa sempre mais como separada da função pai e a generaliza a todos os falantes: por exemplo, quando ele diz que a castração é não se poder tomar juntos todos os significantes, o que a liga à própria estrutura da linguagem, e também quando ele afirma que em relação à verdade meio-dita, portanto, *nãotoda*, não há senão uma única, a castração inevitável, quer se queira ou não, quer se saiba ou não. Cf. "Radiofonia". Isso é coerente com a ideia de que a análise, pela simples fala, coloca a função proposicional (fálica) em seu lugar e sem recurso ao Nome-do-Pai, pois o dois que seria o do sexo ou da transferência é um "inacessível". Eu poderia multiplicar as referências sobre esse ponto. É assim que Lacan pode dizer em *Estou falando com as paredes*, de 1970, que "o saber da impotência, eis aí o que o psicanalista poderia veicular"[4], ou seja, um saber "que não rendesse homenagem a nenhum poder"[5]. Dois passos sucessivos são atravessados por Lacan: em primeiro lugar, a função fálica é colocada sem o pai, sublinhei, e sendo a única para os dois sexos, lá está dos dois lados todo e *nãotodo*, e na medida em que ela compromete a não relação; porém, e mais, segundo passo, o pai que determina o "todo

---

[4]LACAN. J. (1971-1972) *Estou falando com as paredes. Conversas na Capela de Sainte-Anne*. Rio de Janeiro: Zahar, 2011, p. 38, aula de 4 de novembro de 1971
[5]*Ibid.*, 37.

fálico" não é suficiente para dar conta da heterossexualidade, posto que no todo não há apenas héteros, segundo o próprio Lacan. Não é necessário mais para fazer a disjunção do Pai — entendo a função quando digo o Pai —, a disjunção do Pai de uma parte da escolha do parceiro. Donde a questão sobre o gozo que é tomado na cama, que não é o divã, na cama do hétero, e que Lacan recoloca no começo do *Mais, ainda*: de onde ele vem? E Lacan acabará por dizer que ele é sempre fálico e, mais tarde, o "eles se autorizam por si mesmos" ainda se adiciona. Eu sei que ele acrescenta "e de alguns outros".

Mesma fórmula para o analista. Quem são eles? Lacan não indicou, ocasião para refletirmos sobre isso. Observo que, em primeiro lugar, se autorizar de alguém não remete a uma sugestão alienante, não consiste em tomá-lo como supereu. No autorizar-se, há opção, escolha. É por si mesmo que nos autorizamos de alguns outros. Para o analista, já desenvolvi, creio que são aqueles que contribuíram para colocar as condições do se dizer analista, posto que o dizer, por mais inaugural que seja, tem condições, também já o disse. Essas condições do dizer se encontram sempre em um dizer anterior. O primeiro desses outros dos quais os analistas se autorizam é evidentemente Freud, que inventou o inconsciente e desenvolveu o dispositivo do qual se aproxima esse inconsciente, não sem a interpretação analítica. Mais geralmente, são todos os "se dizer analista" anteriores àqueles do sujeito e cuja validade ele pôde medir há muito mais de um século. Eu creio que é válido mesmo nas instituições analíticas em que é a instituição que autoriza o analista, pois mesmo aí se distingue, por exemplo, aqueles que se autorizam de Melanie Klein de preferência a Anna Freud. Nesse sentido, os analistas não são gurus; o dizer do guru é, digamos, um dizer impudente, que jamais se autoriza de alguns outros e que raramente acontece sem a certeza psicótica. Agora, quem são eles, esses alguns outros, no que diz respeito à sexuação? Aí, creio, voltamos às âncoras do sujeito; mas atenção à âncora familiar, na qual cada um tem suas raízes: isso não é o Édipo, mas as posições opcionais dos personagens que cercam a criança. Um fato aliás interessante. Parece que as estatísticas sobre as crianças dos casais homos, homens ou mulheres, feitas nos Estados Unidos, na Califórnia, onde tudo começou, indicam que eles não se tornam mais homos que os grupos controle. Se o fato é verdadeiro, é muito indicativo. Aliás, isso não inquietava Lacan, que dizia que mesmo sem pai "se encontrará sempre alguém para 'deslumbrar a família'". De fato, se o dizer é realmente um acontecimento.

A Mulher

Vou voltar agora ao *nãotoda* das ditas mulheres. O esquema do *Mais, ainda* marca uma divisão específica inscrita pelas duas flechas que partem do A barrado Ⱥ. Toda questão é saber o que inscreve essa flecha de uma libido que vai em direção ao S(Ⱥ).

Podemos esclarecê-lo a partir do que Lacan já elaborou. Da mesma forma que a flecha que vai em direção ao falo escreve o erotismo fálico da mulher formulado desde "A significação do falo", com, sobre o eixo de seu desejo, a "fetichização" do órgão, o qual é ele mesmo captura e se oferece "como anzol às voracidades"[6] em questão; a outra flecha escreve um desejo disso que falta no Outro do significante,

---

[6]LACAN, J. (1972) O aturdito. In: LACAN, J. *Outros escritos*. Rio de Janeiro: Jorge Zahar Ed., 2003, p. 467.

o "gozo cuja falta faz o Outro inconsistente"[7], a saber, o gozo que nenhum significante representa. Temos aqui uma definição do desejo sexual propriamente feminino tal como Lacan já tinha formulado muito precisamente, um desejo de gozo, um desejo que vai até "o esforço de um gozo envolto em sua própria contiguidade, para se realizar rivalizando com o desejo que a castração libera no macho[...]"[8]. Eu já tinha indicado que isso respondia à questão *que quer uma mulher?* Resposta: gozar sexualmente de seu gozo outro, não fálico, o que o termo contiguidade dizia. E Lacan emprega então a expressão "os chamadores do sexo" para designar as mulheres no plano sexual. Tal como o termo esforço, esse termo "chamador", que ele curiosamente coloca no masculino, faz objeção a qualquer ideia de passividade. É interessante por suas ressonâncias, já que ele convoca, de uma só vez, o apelo da demanda, mas também, e sobretudo, o chamariz, pois o desejo não é a demanda de amor. O chamariz é isso pelo que alguém atrai justamente sem demandar, mas pelo uso de uma isca, como é o caso do grito fictício através do qual se atrai os pássaros ou mais geralmente as presas. A noção de engano e de tolo não está longe. Podemos, portanto, ler as flechas já com os avanços de textos anteriores. Estamos longe dos místicos, notem.

Mas nessa leitura, não há dúvida, a inscrição traz o que posso qualificar de predicação sobre A Mulher. Então, com a flecha, pecaria ele contra sua própria afirmação de que

---

[7]LACAN, J. (1960) Subversão do sujeito e dialética do desejo no inconsciente freudiano. In: LACAN, J. (1966) *Escritos*. Rio de Janeiro: Jorge Zahar Ed., 1998, p. 834.

[8]LACAN, J. (1960) Diretrizes para um Congresso sobre a sexualidade feminina. In: LACAN, J. (1966) *Escritos*. Rio de Janeiro: Jorge Zahar Ed., 1998, p. 744.

não há universal da mulher? Poderíamos acreditá-lo, já que a *nãotoda* implica que não se possa dizer nada de todas as mulheres, mas apenas de uma ou outra. O universal não vai até elas, tudo pode-se dizer delas, no sentido do todo e seu contrário. Ora, de fato, até aí, Lacan falava dos homens e das mulheres no modo universalizante, e parece que ele continua. Mas não. Com efeito, ele não avança nada que se possa dizer de todos os homens e de todas as mulheres, mas apenas daqueles e daquelas que entram no erotismo do casal heterossexual. E isso no casal erótico heterossexual, porque o esquema não escreve toda mulher, mas a mulher na medida em que está implicada no casal. Essa não é uma mística, longe disso.

Ora, não é o caso de todas, e sobretudo, aliás, da histérica, que se casa certamente ao desejo do homem, mas não ao corpo. Eis aí uma tese constante de Lacan de um extremo ao outro e que, no entanto, não é admitida por aqueles que dizem segui-lo, e particularmente, se eu não me engano, pelos analistas homens, que aparentemente não podem se resolver nessa lacuna da histérica e da mulher.

Então, precisemos: da mulher nada se pode dizer, de mais de uma não se pode falar, diz Lacan, mas isso não impede que se fale delas, produzindo afirmações que generalizam sobre o que é uma mulher, ele diz, às vezes, uma "verdadeira" mulher. Em "O aturdito", ele é peremptório: uma mulher quer ser a única, "não se sabe senão demais"; e depois também: "São até mesmo elas que possuem os homens". Generalização. Ele nos adverte, certamente, "convém colocá-lo [esse Outro] como termo que se baseia no fato de que sou eu que falo, que só posso falar de onde estou, identificado a um puro significante. [...] é daí, do dizer enquanto encarnação distinta do sexo, que eles recebem sua função"[9] homem ou mulher. Logo, ele quer bem admitir o fenômeno da convicção sexuada, belo esforço de lucidez.

Temos três expressões: A mulher, uma mulher, e depois, às vezes, uma verdadeira. Olhemos isso de perto. A mulher não existe, diz Lacan, é preciso barrar o A. Que isso quer dizer? Acreditamos, às vezes, que isso significa que o significante da mulher falta no Outro. Mas não. No *Mais, ainda*, Lacan julga necessário reafirmar que o significante da mulher não falta no Outro, é justamente de A, da mulher. É o significante d'A mulher no Outro. Aliás, para barrar um significante é preciso que ele esteja no Outro. A mulher não ex-siste não é uma foraclusão da mulher. Há no Outro da linguagem o lugar, de uma só vez, do Φ, e isso data de *Subversão do sujeito e dialética do desejo*, e desse A que no lugar do Outro designa o Outro do sexo, ou seja, o outro que não o fálico. De súbito, compreende-se bem que um sujeito possa "se propor ser dito mulher", isto é, Outro, o que seria impensável sem o significante no Outro. Dessa A mulher pôde-se, portanto, também sonhar, fazer poesia, romance, desejá-la, difamá-la não menos; ela é, por definição, isto é, pelo efeito do binário significante, a radicalmente diferente do fálico.

De súbito, A mulher não existe porque Lacan barra o A — enquanto que o Homem existe, diz "Televisão" —; isso não quer dizer que seu significante falta, ele está lá justamente como significante do Outro, significante do gozo outro que não fálico, salvo que não há Um que permitiria determinar esse Outro, dizer o que ele é em sua modalidade de gozo.

---

[9] LACAN, J. (1972-1973) *O seminário, livro 20: Mais, ainda*. Rio de Janeiro: Jorge Zahar Editor, 1985, p. 54, aula de 16 de janeiro de 1973.

E mais concretamente, que nenhuma mulher não é a radicalmente diferente, quer ela se proponha ser dita mulher ou não. Dito de outra maneira, nenhuma mulher empresta todo seu corpo ao gozo outro, eu diria mesmo mais: nenhuma *pode* emprestar seu corpo ao gozo outro. E por quê? Pois bem, porque as mulheres falam e, portanto, elas caem sob o golpe da linguagem e consomem o gozo fálico. Lacan pode especular o gozo outro na Santa Teresa de Bernini justamente porque ela não fala, não é mais que uma imagem que tenta representar o A da mulher como Outro. Não há mulher, portanto, que seja A mulher, mas muitas mulheres.

Aí, duas questões. Esse significante do Outro, de onde ele surgiria para estar no Outro? Além disso, quais são seus efeitos para as ditas mulheres? A primeira é crucial, sendo colocada na civilização, de saber se ele poderia desaparecer em benefício da igualdade fálica dos indivíduos sejam quais forem seus sexos anatômicos. Dito de outra maneira: o discurso pode neutralizar o sexo? Segundo Lacan, ele surge da experiência sexual do lado homem: se a experiência do sexo encarna bem a não relação, ele surge da experiência do "a-sexuado". Cito "Televisão": "Outro radical evocado pela não relação que o sexo encarna [...]"[10]. Ele faz aqui alusão à experiência masculina com seu gozo fálico, que encontra seu parceiro no objeto *a*. O Outro radical é, de algum modo, evocado pela "maldição sobre o sexo", pelo Um que se sabe sozinho na relação de corpo. Lacan observa que esse Outro radical evocado pela não relação "tem tanto direito quanto o Um de fazer de um axioma um sujeito"[11].

---

[10]LACAN, J. (1973) Televisão. In: LACAN, J. *Outros escritos*. Rio de Janeiro: Jorge Zahar Ed., 2003, p. 537.
[11]*Ibid.*

Eis aí um outro comentário de suas fórmulas da sexuação. Axioma: não surpreende mais ver Lacan recorrer dessa vez à axiomática para aproximar o mais ardente, o mais carnal da experiência. Em lógica, o axioma, ou postulado, é a proposição fora do sistema que funda as proposições do sistema. O exemplo didático que se toma, em geral, é o da geometria euclidiana, com seu axioma implícito de que duas retas paralelas não se encontram. A partir do momento em que se coloca esse axioma em questão, colocando que elas se encontram no infinito, uma outra geometria é possível. Vocês sabem que Lacan comparou a função da fantasia à do axioma. De cada lado, o axioma que faz sujeito é o que inscreve as duas fórmulas. De um lado, o axioma do Um fálico, do outro, o axioma do *nãotodo*, é com isso que o Outro radical faz axioma de sujeito-mulher, possivelmente. O axioma está no mesmo lugar do dizer em relação aos ditos. É nesse nível unicamente que uma escolha é pensável, sublinhei. Quando Lacan diz que o sujeito "se propõe ser dito mulher", isso evoca claramente a escolha, mas ela é tornada possível porque o significante do Outro radical, o Outro radicalmente outro mais que o Um, que surge da experiência do a-sexuado, já está lá, como o que se deposita da experiência sexuada.

A exclusão das mulheres

Para as mulheres, qual a consequência? De mais de uma não se pode falar, mas de seu destino pode-se dizer alguma coisa. O destino não é a essência: isso designa o que lhes espera no campo dos laços sociais, que ordenam os discursos. Pois bem, é um destino de exclusão, não apenas devido ao mal arranjo da sociedade.

Não há mulher senão excluída pela natureza das coisas, que é a natureza das palavras, e temos mesmo que dizer que se há algo de que elas mesmas se lamentam bastante por ora, é mesmo disto — simplesmente, elas não sabem o que dizem, é toda a diferença que há entre elas e eu.

Nem por isso deixa de acontecer que, se ela está excluída pela natureza das coisas, é justamente pelo fato de que, por ser não-toda, ela tem, em relação ao que designa de gozo a função fálica, um gozo suplementar.[12]

Excluída pela natureza das palavras, posto que as palavras justamente presidem o gozo fálico que faz a não relação, de onde surge o significante do Outro. O Outro surge no campo da linguagem, mas ele surge como excluído do que preside a linguagem, este gozo que faz função do sujeito. Do mesmo modo que os problemas do amor não devem nada à repressão familiar, como Freud havia, em primeiro lugar, acreditado, do mesmo modo para a exclusão das mulheres, que Lacan certamente não aprova, do que as mulheres se queixam, mas da qual ele dá aqui um fundamento possível em boa lógica. Continuarei da próxima vez sobre este ponto.

DISCUSSÃO

Marjolaine Hatzfeld: Você falou do significante do Outro radical. Ele existe no Outro. Qual a relação com a experiência sexual em que não se encontra mais que o Um? Então, como se destaca esse Um, a origem do significante nessa zona, eu não compreendi verdadeiramente...

---

[12]LACAN, J. (1972-1973) *O seminário, livro 20: Mais, ainda*. Rio de Janeiro: Jorge Zahar Editor, 1985, p. 99, aula de 20 de fevereiro de 1973.

Colette Soler: Na experiência do coito há uma percepção da heterogeneidade dos gozos quando há gozo para uma mulher. E, portanto, essa percepção do gozo outro do qual Tirésias já falava não vem da psicanálise, existe na experiência. Na experiência do sexo o sujeito jamais encontra o Outro, mas o objeto de sua fantasia, donde a expressão de Lacan: o sujeito é feliz, ele não faz mais do que repetir a si mesmo, ele jamais encontra o Outro. Sua ideia, se compreendo bem, a frase garantida é de dizer: o Outro surge da experiência do a-sexuado. Poderíamos dizer que, pelo fato de ele só encontrar o Um, é uma experiência preferencialmente de não acesso, de não fusão que frustra a aspiração de fazer Um, como Freud imaginou que Eros fazia Um. E é uma aspiração que permanece, cada sujeito um a um aspira encontrar a alma gêmea segundo o mito de Aristófanes, que diz que os seres eram no início esferas que foram separadas em dois.

Do não encontro, do não acesso a, conjugado com a percepção de um gozo outro, do outro lado o significante do radicalmente outro. O significante se engendra da experiência.

Marjolaine Hatzfeld: Esse significante não se escreve? Lacan fala da materialidade do significante, isso faz alusão ao fato de que isso se escreve?

C.S.: Em um vocabulário se encontra mulher, mãe etc.

Marjolaine Hatzfeld: São significantes lexicalizados.

C. S.: Sim. Quando Lacan coloca a questão — de onde surge este significante? — responde que, para ser lexicalizado, é preciso que ele seja produzido por uma experiência. Se esse não fosse o caso, as línguas não evoluiriam.

Por que as línguas vivas evoluem, se enriquecem? Porque as experiências excedem o que o léxico permite formular.

Por que a adolescência é um período de invenção verbal? Os adultos inventam menos, exceto os poetas. É porque as invenções verbais estão ligadas às experiências. Esse ponto é muito importante. Ficamos com a ideia de que os significantes estão no Outro, sempre já lá. Sim, eles estão aí porque foram colocados, pode-se dizer que eles vêm do real, a partir de experiências reais que exigiram palavras.

Marjolaine Hatzfeld: Recaímos sobre das Ding. *"A coisa faz a palavra". A mulher não existe, mas seu significante está no Outro.*

Anais Bastide: Quando Lacan diz que o sujeito se propõe a fazer argumento, não se trata de uma escolha, de uma vontade. É uma experiência, alguma coisa que vai fazer acontecimento, que faz com que o sujeito vá se colocar de um lado ou de outro? É alguma coisa que o ultrapassa?

C. S.: É uma questão que eu tenho em mente. Qual é a temporalidade do fazer argumento à função? Em relação ao *a priori* fálico, vemos bem que a temporalidade é uma temporalidade dos começos da vida e que precede toda experiência sexual. É-se dito menino, menina e o pequeno ser falante reage, aquiesce, duvida... Há aí uma temporalidade que se pode situar clinicamente.

Neste fazer argumento às funções, qual é a temporalidade efetivamente? Não é necessário supor que a posição subjetiva mulher supõe a experiência anterior do outro gozo, porque se "propor ser dita" mulher não propõe ser mulher. É uma opção no discurso.

Cathy Barnier: Será que o fato de ter experimentado o gozo outro no ato tem sua incidência no fato de que uma mulher aspiraria ser o Outro radical?

C. S.: Que o significante do Outro radical esteja no Outro implica que a suposição do outro gozo está também no Outro, está também nas significações do discurso, da linguagem. Antes de ser encontrado, o outro gozo é conhecido de todos os sujeitos falantes. Ele é imaginado antes da experiência experimentada. O significante mulher, como significante, está muito bem lá, no discurso, com sua conotação de um outro gozo.

Anais Bastide: Poderia haver dois tempos, entre o fato de fazer argumento à lógica e o acontecimento de gozo. Na lógica do não todo Lacan coloca também os psicóticos. Simplesmente eu coloco a questão se a distinção entre fazer argumento à função, foraclusão de fato, seria diferente da experiência de um gozo outro.

C. S.: Se tomamos o texto na "Questão preliminar...", Lacan escreve a respeito de Schreber, pelo fato de que supõe a foraclusão nele, que a adivinhação do inconsciente o tinha muito cedo advertido de que, por falta de ser o falo, ele podia ser a mulher que falta aos homens. Será que essa frase não significa que a mulher, seu significante, já esteja no Outro? Se não se compreende isso não pode se compreender A mulher não existe. Ele dizia que "a adivinhação do inconsciente", o que quer dizer o discurso em que já há o significante da mulher, estava à disposição. A mulher é o significante com sua conotação de gozo outro, que antecede logicamente o que vai se produzir no um por um. Acredito, com efeito, que fazer argumento a uma ou outra das funções todo e *nãotodo* é logicamente disjunto do encontro do gozo. A prova pela histeria não se propõe ser dita Outra, mas ao contrário, ela está "fora do sexo", segundo Lacan, no nível da opção, mas isso não impede, como diz Lacan no *Mais, ainda*, que "não [haja] necessidade de se saber Outro para sê-lo"[13].

---

[13] LACAN, J. (1972-1973) *O seminário, livro 20: Mais, ainda*. Rio de Janeiro: Jorge Zahar Editor, 1985, p. 114, aula de 13 de março de 1973.

DEZ

2 de maio de 2018

Introduzi da última vez a questão da exclusão das mulheres, que vou continuar. Observo, entretanto, que ela não acontece sem uma certa idealização d'A mulher, que podemos constatar ser culturalmente tanto mais acentuada quanto mais as mulheres são assujeitadas. Então, fazemos poesia na exata medida de seu assujeitamento na realidade. O que é preciso compreender é que a lógica preside esse fato.

A exclusão do Outro

Eu disse A mulher sem barrá-la, com faz Lacan quando quer significar que ela não ex-siste. Com efeito, ele mesmo observou que a mulher não ex-sistir não impede de desejá-la ou de cantá-la. É que o significante A mulher existe na língua, tanto quanto o do homem; que se fale dele não comporta que ela exista mais que o unicórnio, por exemplo. Volto, portanto, ao que quer dizer o "ela não existe", enquanto seu significante está muito bem presente no Outro, o lugar da linguagem. Desse lugar provêm todos os significantes de que nós fazemos uso nos discursos, antecedência desse lugar, portanto, mas, ao contrário, ele não cessa de absorver, de se engravidar de todos os novos significantes que surgem da experiência de uma comunidade e de seus indivíduos, porque, sem dúvida, o real daquilo que, à época, Lacan nomeava a coisa, a coisa gozo, faz palavra. É como se do real emergisse justamente o simbólico. Encontramos no *Mais, ainda*, página 126, uma bela imagem para designar o fato do "real acedendo ao simbólico", a saber, a imagem "desse trabalho de texto que sai do ventre da aranha, sua teia". A imagem é inspirada pela paixão que Espinoza tinha pelas aranhas. O Outro aloja, portanto, os significantes que emergem do real, e eu desenvolvi, o da mulher emerge no Outro, em oposição à experiência sexual do Um fálico, experiência que não é excessivo colocar na conta do "a-sexuado", como faz Lacan. No Outro, portanto, o significante d'A mulher, assim como o do homem, aí estão. Vejam a página 98 de *Mais, ainda*, em que Lacan protesta contra as "bagunças" daqueles que em seu nome "fazem barulho" sobre "o significante da falta de significante", e para retificar que este A da mulher é o significante que é indispensável para marcar o lugar no Outro. Se esse não fosse o caso, não poderíamos falar do homem e da mulher e nenhum sujeito poderia se propor ser "dito mulher"[1]. Os dois significantes avizinham a igualdade no Outro, e é tarefa nossa compreender por que de O homem podemos dizer, graças à construção de Lacan, e sem referência ao Édipo de Freud, que ele ex-siste, e da mulher, que ela não ex-siste. É que o significante do homem é indissociável do significante do único gozo que pode se escrever, e ele se escreve Φ maiúscula. Ao contrário, o significante da mulher não está associado a nenhum significante do gozo. É por isso que seu próprio gozo pode ser dito outro, suplementar, o que não a qualifica senão negativamente como não fálica, mas

---

[1] LACAN, J. (1972) O aturdito. In: LACAN, J. *Outros escritos*. Rio de Janeiro: Jorge Zahar Ed., 2003, p. 466.

sem dizer o que ela é. Gozo outro designa uma foraclusão que poderia se escrever J_0. É a própria definição de uma foraclusão, ou seja, a presença de um real, aqui o de um gozo ao qual não corresponde nenhum significante que o identifique, que o subsuma, esse real. O Outro gozo é a inclusão no Outro de uma foraclusão, que Lacan escreve S(A̶). Se figuro o Outro por um círculo, posso inscrever aí o homem que ex-siste como gozo fálico e A mulher que não ex-siste, barrada, portanto, falta de uma inscrição de gozo que valeria para todas as mulheres como a fálica vale para todos os homens. De súbito, ela está no Outro, a inclusão da radicalmente Diferente, com uma maiúscula.

Eu me detenho um instante em O homem, que alguns pensam que é um pouco negligenciado entre os lacanianos em proveito d' A mulher barrada. É verdade que, desde Freud, não se pergunta "o que quer o homem?", se pergunta unicamente "o que quer A mulher?". É que, desde Freud, temos a resposta sobre o que quer o homem determinada pelo complexo de castração, que preside seu Édipo. Ele quer um objeto complementar de sua castração. "O aturdito" permanece sobre essa tese em outros termos. Cada um dos *"ahomenosum"* — se supomos que o menos é a exceção Nome-do-Pai —, cada um dos *"ahomenosum"* não é mais que um entre outros e quer, como todos os outros, digamos, um objeto que seja o respondente de sua castração e que se fabrique pelo fantasma e pelos significantes de seu inconsciente. O "Prefácio a *O despertar da primavera*" de Wedekind é categórico a esse respeito: "Um homem", entendam segundo a anatomia, "um homem se faz O homem [com O maiúscula]"[2]. Vocês entendem que a fórmula "uma se propõe ser dita mulher", responde de um outro lado "um homem se faz O homem". Continuo: "Um homem se faz O homem por se situar a partir do Um-entre-outros, por entrar-se entre seus semelhantes"[3]. Seus semelhantes, não no sentido da imagem do espelho, mas semelhante em gozo fálico, com sua implicação de castração. Ele se faz O homem é, portanto, uma escolha, e é tão verdadeira, segundo Lacan, que o jovem Moritz da peça de Wedekind, que chega a se isentar dentre seus semelhantes do todo fálico pelo suicídio, pois bem, ele o qualifica de menina. Podemos dizer que, se os *homenosuns* supõem a exceção de uma existência Nome-do-Pai, não há, no todo fálico do homem, exceção. Fala-se aí do campo fechado da sexualidade, é claro. Aqueles que se isentam de todo passado do lado *nãotodo* e dos heróis que se poderia crer excepcionais, Lacan diz que eles já estão mortos, assim como Moritz — ponto que eu não desenvolvo. Ao contrário, no *nãotodo* só há exceções, na falta de um universal. Volto, portanto, à exclusão da mulher como Outro.

Exclusão muito concreta. De fato, ninguém pode contestar que, desde sempre, desde que se tem traços da civilização, as mulheres são tratadas como um perigo potencial, tema breve em Freud, sabemos; elas estão aí em posição de

---

[2]LACAN, J. (1974). Prefácio a O despertar da primavera. In: LACAN, J. *Outros Escritos*. Rio de Janeiro: Zahar, 2003, p. 558.
[3]*Ibid.*

assujeitadas, sempre sob controle, e seus corpos estão, de algum modo e alguma maneira, presos. Paralelamente, os mitos da mulher fatal são igualmente ancestrais. De fato, como poderiam os discursos que fabricam os laços sociais bem necessários, ao preço do semblante homogeneizante, integrar — integração é o antônimo de exclusão — o Outro radical? Os séculos não fizeram até aqui senão aprisioná-lo. Foi preciso os efeitos da ciência, que universaliza o sujeito, para que as lutas de emancipação aparecessem com os direitos humanos e que ser nascido mulher começasse a poder se pensar como uma aflição e se tornar um problema de sociedade.

O acesso ao Outro

Mas, se ela é excluída pela natureza das palavras, que só presidem o registro fálico, o que se pode dizer desse Outro, com seu gozo outro, foracluído? Qual é o acesso a este Outro barrado? Questão essencial para os psicanalistas, que servem eles também a um discurso em que não se fia senão no poder das palavras. Ora, como fazer passar à linguagem o que está excluído dela? "Não há Outro do Outro", dizia Lacan, a propósito do lugar da linguagem. Com efeito, tudo o que se diz entra nesse lugar, mas pode se dizer a mesma coisa do Outro do sexo. Não há Outro desse Outro[4]. Não há Outro para nos dizer o que é esse Outro, porque a linguagem só diz o fálico, quanto mais ela diz, mais ela preside o fálico, mais ela faz brilhar seu contrário, a Diferente. Lacan colocou essa questão explicitamente. Como com a linguagem colocar sua diferença se a linguagem só escreve os Uns de

---

[4]LACAN, J. (1973) Televisão. In: LACAN, J. *Outros escritos*. Rio de Janeiro: Jorge Zahar Ed., 2003, p. 538.

significante? Resposta: o Outro na linguagem só pode ser "o um-a-menos"[5]. Isto não quer dizer que ele passe ao Um, mas que ele se presentifica apenas como Um que falta, que faz furo no conjunto dos uns da linguagem. Não é um um-a-menos qualquer entretanto, porque na própria linguagem não se pode tomar todos os significantes juntos; e desde que alíngua é inviolável, tese que nós admitimos, há sempre o a-menos, mas são os uns a menos que estão pareados com todos os outros uns de significante, eles são esperados como sucessores, como em uma série de números inteiros, ele falta sempre, pois sua série é infinita, mas não é o a-menos da diferença radical. Homologia aqui entre esse lugar do *Um a menos* da mulher na linguagem e a estrutura da verdade, atrás da qual corremos; sempre meio-dita, portanto, sempre na falta dos significantes que a faria consistente.

Ora, o próprio inconsciente é linguagem, feito de Um de significante, ao qual, por definição, o gozo outro é refratário. De súbito, o Outro, enquanto gozo outro que as palavras não determinam, não tem, não pode ter o inconsciente-linguagem. Donde a afirmação, à primeira leitura tão surpreendente, que não é senão "de lá onde ela é toda [...] que a querida mulher pode ter um inconsciente"[6], ou seja, de lá onde há palavras, é lógico. Mas, de lá onde ela é toda, ela justamente não é mulher, o axioma do *nãotodo* está em suspensão, e lá onde ela é toda em relação sexuada ao falo, ela não existe "senão como mãe". A mulher barrada não é toda, a mãe é toda. É a tese desde Freud, em realidade. Lacan pôde pensar um tempo que não era seguro que a mediação

---

[5]LACAN, J. (1972-1973) *O seminário, livro 20: Mais, ainda*. Rio de Janeiro: Jorge Zahar Editor, 1985, p. 174, aula de 15 de maio de 1973.
[6]*Ibid.*, p. 133.

HOMENS, MULHERES

fálica drenasse toda a pulsão materna, é isso que ele dizia nas "Diretrizes para um congresso sobre sexualidade feminina". Lá, ele parece ter levantado sua dúvida. A mãe toda tem, entretanto, efeitos de inconsciente, ela "faz falar o ser falante aqui reduzido ao homem". Nada de dificuldade para compreender que, fazendo-a falar disso, ela não transmite o próprio efeito de linguagem, seu efeito negativante e a estrutura *moterial* dos gozos. Aqui lembro a tese à qual Lacan chegou e que desenvolvi: o gozo fálico parasita todos os outros gozos, o da letra, o do sentido e o dos mais-de-gozar, é claro, posto que eles não ocorrem sem as palavras da linguagem; mas também o do coito (tese de "Radiofonia"), e compreendemos isso desde que o gozo fálico é a coalescência do gozo e das palavras da linguagem. Mas por que o ser falante reduz o homem? Por razões de boa lógica. Seria porque A mulher, com seu gozo foracluído da linguagem, não toda fálica portanto, não é *nãotoda* ser falante? Em todo caso, a mãe toda fala a única língua que existe, a do todo fálico. Leiamos as histórias humorísticas das mães judias, isso salta aos olhos. Ela ensina a seus filhos a corpo-reção fálica de seu tempo. Não é que ela não fala à sua filha, aliás, mas ela só lhe dirige as mesmas mensagens do todo fálico e de seus objetos, porém, no que diz respeito ao um-a-menos do *nãotodo*, aí ela só pode ficar muda por falta de alguma linguagem que seria Outro do Outro. É a censura mais profunda que uma filha dirige à sua mãe, uma vez despidas as outras censuras, e o que mantém as imagens e as violações, hostilidade e abandonos diversos que ela pode deplorar. Para educar o menino não há outras dificuldades que não as particulares, evoquei, ele é mais ávido pelos semblantes da virilidade, apenas seu órgão é, às vezes, rebelde, mas para a menina isso se inverte, segundo a lógica, porque o *nãotodo* não se ensina. A partir daí seria preciso retomar a questão da *Escola das mulheres,* de Molière, cujo postulado é justamente que a mulher existe sem necessidade de educação. Pôde-se querer que elas não soubessem nada, mas não há necessidade de saber; e não há mesmo necessidade de saber do mundo, pois elas se despertam como que naturalmente. Mas a quê, se sua falicização não for pelo amor? A peça se detém aí sobre a barba grisalha ridicularizada que quis interromper o ininterrompível. Mas esse é um ganho derrisório pois, apesar de minha admiração por Molière, isso não diz nada da *nãotoda*, mas unicamente daquela que entra na dança fálica do amor. Ocasião de se perguntar se a Escola de psicanálise pode fazer melhor que aquela de Molière, considerando que o discurso analítico, como todos os outros, é um discurso do gozo, que, como tal, foraclui o Outro radical.

Há, portanto, um acesso ao Outro na linguagem e, paradoxalmente, quando as mulheres são difamadas. Com efeito, somente o insulto permite alvejar pela linguagem o que é indizível, o ser de gozo, a própria coisa, e na dito-femação [dit-femation], se posso me permitir escrever assim, seu ser de gozo outro, ou seja, sua diferença radical. Podemos observar aliás que o insulto, com seus propósitos imundos, assombra as práticas eróticas do corpo. O insulto é o que na linguagem se aproxima mais do real, alvejando a raça suposta outra, o judeu, o muçulmano, o herege, ou... a mulher. Exceto que as mulheres justamente não são uma raça de gozo, posto que, no uma a uma, elas não são "não todas" e que A mulher, enquanto significante, não a difamamos, às vezes mesmo a idolatramos, a elevamos ao pináculo, ou a procuramos, ou fazemos dela poesia etc.

Eu poderia fazer aqui algumas observações sobre os abusos sexuais denunciados hoje com grande ruído. Não se

HOMENS, MULHERES

trata de justificá-los, é claro, mas se lemos tudo o que se diz do abusador, há sempre duas vertentes: ele me fez e/ou ele me disse. Ele me disse não palavras de elogios como nas propostas de outrora, mas palavras de degradação, humilhantes, como se diz. Ora, curiosamente essas palavras tão ofensivas em relação ao respeito devido ao semelhante são, no fundo, não uma homenagem ao Outro, mas, mesmo assim, uma designação do Outro que visa o que há de mais real na significação. O insulto, tanto primeira como última palavra do diálogo, diz Lacan, "só toca no real ao perder toda a significação"[7]. Os gestos são outra coisa: redução do Outro ao objeto. É que o desejo sexual "satisfaz" [a-ïse] o parceiro, segundo expressão do seminário *A transferência*. Quer dizer que ele o reduz ao objeto, dito de outra maneira, anuncia uma destituição do Outro. Freud percebeu bem com sua ideia de que a idealização da mulher amada e o respeito à pessoa inibem o desejo e a satisfação sexual. Então, o que dizer analiticamente falando do slogan "denuncie seu porco"[8]? Ele usa em espelho o mesmo procedimento do insulto, mas sem esgotar o sujeito, eu me divirto em notar nesse efeito de espelho uma pequena dissimetria muito ajustada à estrutura. É que a fórmula coloca que cada um tem o seu, seu porco, como se cada um se apropriasse de um, enquanto do lado dos porcos, por definição, não se sabe o quanto, as presas não são no singular, mas em série, não há

---

[7]LACAN, J. (1972) O aturdito. In: LACAN, J. *Outros escritos*. Rio de Janeiro: Jorge Zahar Ed., 2003, p. 489.

[8]Nota da editora: Balance ton porc é um site na internet (balancetonporc. com) onde podem ser postadas de forma anônima o testemunho das vítimas de estupro ou agressão sexual. Também usado como hashtag: #balancetonporc. Esse movimento nasceu em outubro de 2017, em seguida ao #metoo — movimento que nasce a partir da denúncia dos abusos cometidos por Harvey Weinstein (produtor americano).

jamais uma só. É o que o caso Weinstein evidencia claramente e o *"me too"* diz "eu me conto na série"; assim como o que se vê com o possessivo "teu porco", que, a partir do momento em que se fala, nada escapa à lógica da linguagem.

E a poesia?

Ao contrário do insulto, há a poesia que Dante qualificou de amorosa. *Poesia amorosa* é um dos seus títulos antes da *Divina comédia*. Ele pode se prestar à ironia pois parece esconder bem o saber de que é a poesia que é amorosa e não o poeta. Com a poesia, amorosa das palavras, como o poeta pode ser uma mulher? A linguagem poética, que procura dizer o amor pelo objeto feminino, a exaltar seu agalma, não toma seu sentido, segundo Lacan, senão da "ordem cômica — a qual não há sublime que não reverencie"[9]. Dante ainda. Dante, ainda, segundo "Televisão", "denunciou" que "as vagabundas do classicismo" dissimulavam. Alusão, creio, a nossos grandes poetas do século XVII, Corneille e Racine, e à sua ascendência poética. Todo seu teatro exalta o que eles haviam nomeado "a glória", ou seja, a sublime convergência no herói trágico do dever e do amor sexuado. Vagabunda é um termo de injúria, pouco usual agora, mas que visava em linguagem vulgar as prostitutas. Como não entender aqui que os clássicos são tratados como prostitutas do discurso do mestre, valetes ou cães de guarda desse discurso, que submetiam justamente o casal sexual à ordem hierárquica do mestre, como já disse? Denunciar é revelar a mentira e, mesmo mais, colocar em evidência a mola verdadeira da relação sexuada de um homem com uma mulher,

---

[9] LACAN, J. (1972) O aturdito. In: LACAN, J. *Outros escritos*. Rio de Janeiro: Jorge Zahar Ed., 2003, p. 489.

aquela que supre a relação sexual. É bem o que faz Dante nos dizendo que sua Beatriz, com seu batimento de cílios, vale para ele como um olhar, ou seja, nada mais que o objeto *a* complemento fantasístico de sua castração (-ϕ). Ora, esse registro fálico com seu jogo de potência/impotência, tão fácil de imaginarizar, é a própria mola do cômico, enfim a última palavra da mentira daquilo que os clássicos pretenderam trazer ao sublime.

Resta que se acredite de bom grado que a poesia é a via possível de um acontecimento textual do um-a-menos. Que ela seria a única a fazer texto, letra, da *nãotoda*. O tema vem logo à evidência. Há como uma tentação na comunidade, desde estas famosas fórmulas de Lacan, a procurar a mulher pela letra. Fazemos geralmente nos autorizando de duas referências de Lacan. Primeiramente, em "A carta roubada", na qual ele coloca que a letra (carta) é "o signo da mulher", e sabemos que a letra (carta) nesse texto representa justamente a dimensão do significante sem o sentido, sem a mensagem. Em seguida, a segunda referência em R.S.I. é à letra fora do sentido — única a ser idêntica a si mesma, que faz o sintoma —; essa letra que se diz agora dever rastrear-se no dispositivo do passe.

Observo que para a "letra signo da mulher" se omite a pergunta sobre se é o signo de uma mulher enquanto sujeito libidinal ou se é o signo da mulher como objeto visado pelo desejo masculino; dito de outra maneira: se é o signo da *nãotoda* ou do objeto *a* que ela é para o Outro. A mesma coisa com a tese da mulher sintoma, ela não é sintoma enquanto sujeito, mas ela o é para um homem que faz dela seu objeto. Se leio bem "A carta roubada", a letra (carta) que é o signo da mulher tem por modelo aquela do conto de Poe, a missiva que ela justamente não escreveu, mas que ela recebe, cuja mensagem se ignora, não se sabe o que ela diz, mas se sabe apenas que, por aceitar recebê-la, já é um consentimento com as visadas daquele que a escreveu e que apenas esse consentimento é suficiente para colocá-la em situação delicada com seu mestre, o Rei. É, portanto, exatamente, a carta que a atribui como objeto de um desejo, seja qual for, ao qual ela consente. A letra é, portanto, justamente uma letra vinda do inconsciente do homem, esse inconsciente que por ele decide o objeto eleito, pois, na falta de qualquer relação inscritível, "nada funciona portanto senão pelos equívocos significantes"[10] no *ahomenosum*, quando se trata de eleger um objeto — e aqui mais precisamente uma mulher — como objeto *a*. A letra em questão não é, portanto, signo da mulher enquanto ela se entrincheira do fálico, mas ao contrário, o signo da mulher que consente em entrar na dialética fálica do homem. Eu poderia dizer exatamente a mesma coisa a respeito daquilo que Lacan diz na conferência "Joyce o sintoma II", que ela é um corpo que garante o gozo de um outro corpo. No que diz respeito à mulher como sujeito libidinal, a ser escrita como A, na medida em que ela não é *nãotoda* no desejo do que lhe vem do homem, mas na medida em que seu desejo se dirige também para o S(A); não se vê como seu outro gozo poderia ser compatível com a letra que, nela mesma, por definição, é uma *fixão* (com um x) de significante gozado, por coalescência de um significante e de um gozo. A letra, tal como definida por Lacan, *fixão* do sintoma, a letra tal como escrita no nó borromeano, pertence sem contestação ao registro fálico, ela faz aí ponto de basta, ou seja, limite à

---

[10]LACAN, J. (1972) O aturdito. In: LACAN, J. *Outros escritos*. Rio de Janeiro: Jorge Zahar Ed., 2003, p. 459.

HOMENS, MULHERES

deriva linguageira da fala. Encontrar a letra de seu sintoma, quando isso se produz autenticamente, não pode, portanto, certamente significar se reencontrar como mulher *nãotoda*, pelo contrário.

DISCUSSÃO

Claire Garson: Eu gostaria de trazer uma indicação. Quando você falou da letra sintoma, no texto de 1975, Lacan deu muito precisamente uma definição do que é um homem. É estar todo inteiro no sintoma, logo, é claro, que uma mulher não está toda no sintoma.

Colette Soler: Sim, toda inteira no sintoma, ela não toda, e quando se dá a letra do sintoma não se diz nada do nãotodo.

Brigitte Bazin: Quando Lacan diz que a carta feminiza?

C. S.: É também no texto de "A carta roubada". A carta feminiza, isto é, lhe fixa na posição de objeto masculino, de ser objeto para o homem que escreveu a carta. Quem recebe a carta cuja mensagem não conhece, que não foi escrita para ele ou ela, mas para o outro, se encontra — apenas pelo fato de aceitar a carta — na posição de objeto. É por isso que Lacan insiste que isso não quer dizer que a carta faz a *nãotoda*. Isso quer dizer que a carta, que não é a letra do inconsciente da *nãotoda*, que é a letra do inconsciente masculino que escreveu, imobiliza aquele ou aquela que consente em recebê-la na posição de objeto.

Brigitte Bazin: Eu tinha a impressão de que em certos textos se fala da carta que feminiza no sentido de que a carta se associa com a mulher.

C. S.: Fala-se, não é, da questão do acesso ao Outro enquanto *nãotoda*, não do acesso a uma mulher enquanto ela contribui e participa da dialética fálica. Aí não há problema. A questão explícita em Lacan, no Mais, ainda sobretudo é: o que se pode saber do Outro?

Pode-se dizer absolutamente outra coisa que Lacan, mas não pretendendo que é Lacan quem o diz.

Christine Hopper: Em um filme, El Postino, a tia vai se queixar ao padre porque o apaixonado de sua sobrinha lhe declamou poemas de Neruda. Ela lhe diz "você se deu conta, ele lhe disse "você é bela como uma borboleta..." Ele responde sim, ele lhe disse, mas ele não... E a tia replica: "sim, mas é verdade que ela é bela como uma borboleta!" O que eu queria dizer é que há uma grande diferença entre o que é dito, de onde isso vem, a quem isso se endereça...

Lucile Cognard: O Outro na linguagem não pode ser senão o Um a menos. Há uma homologia entre esse lugar do um a menos da mulher com o lugar da verdade. A verdade tenho sempre colocado do lado do que é articulado, não do lado da foraclusão.

C. S.: A verdade como semi-dizer não é toda. Ela é articulada, mas não tem ponto de interrupção, ponto de basta em que se poderia dizer "eis aí a verdade". A verdade semi-dita é exatamente sinônimo da *nãotoda*. É aí que eu situo a homologia.

Anaïs Bastide: Eu teria colocado a verdade semi-dizer do lado do Outro. Você distingue o dois a menos, o a menos do significante nos significantes já articulados, o a menos inarticulável que remete à foraclusão. A verdade é mesmo assim sempre um significante que remete a um outro significante.

HOMENS, MULHERES

C. S.: Se tomamos a articulação da cadeia significante, há sempre o significante a menos. O S_2, o do recalque originário, por exemplo, é um significante a menos em relação a todos os S_1 que estão articulados. Mas esse S_2 é visado como um significante como outros significantes. Quando se fala de situar o Outro na cadeia, é um Outro Um a menos, é um significante foracluído.

Cathy Barnier: É a diferença entre não articulado, mas articulável?

C. S.: Exatamente, há pelo menos um não articulado e não articulável, e pelo menos um não articulado, mas articulável.

Claire Garson: É preciso se reportar ao que Lacan disse disso em 1975: "a verdade, eu disse, não pode ser senão semi-dita, mas ela só pode concernir ao real".

Diane Ibeld: Se a mãe é toda, por que ela não tem um estatuto de exceção que formaria um conjunto das mulheres como do outro lado há a exceção?

C. S.: Mas a exceção do lado homem não está no todo. A mãe não é uma exceção, é um caminho de divisão das mulheres entre os dois registros, o registro fálico do qual Lacan diz: ela não participa aí "não não do todo," ela participa aí muito, e do outro lado a parte *nãotoda*. Isto que Gennie Lemoine chamava a divisão das mulheres.

No fálico, há muitas mulheres enquanto relacionadas ao fálico. Há a mulher que se situa como mulher de um homem, há a histérica, relação de desejo, mas não de corpo, e depois há a mãe. Isso entra na parte falicizada das mulheres, isso não faz exceção.

Lucile Cognard: Quando você diz: a mulher de um homem se coloca no todo fálico, por quê? Porque ela se propõe ser dita mulher, portanto há alguma coisa que faz axioma para ela?

C. S.: No esquema que Lacan desenha no *Mais, ainda*, ele não escreve todas as mulheres, apenas aquelas que entram no casal sexual com o homem, não é o caso de todas. Mas a relação ao homem é uma das partes do falicismo feminino, já em Freud, mas também em Lacan, tudo o que ele explica em "A significação do falo...", de como o homem e a mulher entram em conexão a partir do falo.

Anaïs Bastide: No texto de "O aturdito", quando Lacan fala do empuxo-à-mulher de Schreber, ele o coloca do lado do primeiro quantificador, não existe x não phi de x, e o gozo feminino do lado do segundo quantificador...

C. S.: O que ele diz de Schreber, nessa passagem de "O aturdito", ele o coloca do lado em que não há exceção pai, mas ele não reparte.

Anaïs Bastide: Eu o entendia como, nessa lógica do não todo, há esta vontade de restaurar, de restituir a exceção, com o trabalho do delírio...

C. S.: O que caracteriza esse lado é a infinitude. É o ponto comum entre Schreber e certos místicos.

Brigitte Bazin: Será que se pode voltar aos heróis? Os seres excepcionais, como as mulheres? Então, o que se faz dos heróis, dos super-homens?

C. S.: Se lemos o "Prefácio" de Wedekind, Lacan tem uma ideia sobre os heróis. O herói faz alguma coisa excepcional no campo humano, não como homem no campo sexual. Lacan evoca os heróis a respeito de Moritz, que se suicidou; ele faz voltar de entre os mortos, na última cena, onde há Melchior, Moritz e o homem mascarado, que discutem. Lacan diz: portanto, a peça o faz reviver, e ele acrescenta: "por que não, posto que os heróis já estão mortos?" É de Moritz que ele fala e do qual ele diz que tem uma posição de menina, mas ele é heroico porque se suicida em nome de um ideal, para poupar seus pais. Os heróis são sempre sujeitos que, por uma ação qualquer, se inscrevem sob um significante ideal, e de súbito a dimensão do desejo singular e do gozo carnal é elidida. No "Resumo sobre o ato ou sobre o fantasma", ele diz que os heroísmos são mais ou menos esclarecidos.

ONZE

16 de maio de 2018

Insisto um pouco sobre o que desenvolvi acerca da mulher e a carta. Quando Lacan fala da mulher em "A carta roubada", não se trata da *nãotoda*. Trata-se da mulher enquanto tomada no casal sexuado, como aliás em todos os textos antes de "O aturdito"; o Rei e a Rainha do conto de Edgar Poe sendo a versão do casal homem-mulher próprio ao discurso clássico do mestre. A carta, signo da mulher, é a carta vinda do inconsciente do homem, a carta que faz dela uma parceira eleita, não importa qual mulher. A carta, puro significante, escrita não se sabe por quem e sem saber o que ela diz, a carta feminiza, sim, porque ela é o índice do objeto. E quando Lacan evoca a imobilidade, a expectativa, a sombra do lado da mulher, designa de algum modo as estratégias próprias de quem depende de seu mestre, quer se trate do poder do Rei, chefe de Estado ou do poder do desejo sexuado do homem. São, podemos dizer, estratégias escravas — o termo não deve dar medo —, a submissão, o silêncio, a dissimulação, a astúcia, a expectativa etc. Mas importa compreender qual é o objetivo de Lacan nesse texto composto de fragmentos escritos em várias épocas, além de mostrar que o casal sexuado é ordenado no discurso e pelo discurso como a ordem social ela mesma.

Pois bem, é para demonstrar não somente que há leis de combinação do simbólico, digamos as leis da linguagem figurada por seus alfa, beta, gama, os quais transcendem as subjetividades, mas também que as próprias subjetividades, com o que elas implicam de postura e de afetos, são comandadas pelos significantes que indexam seu lugar na estrutura. É bem isso o que indica o fato de que no conto, Rainha ou Ministro, é todo um, quero dizer, mesma postura desde que eles têm a carta em mãos. "A carta roubada", em sua versão completa, já é certamente um texto sobre o casal sexual, mas sobretudo um texto sobre a tomada do inconsciente-linguagem, sobre os falantes sexuados. Reitero, portanto, minha conclusão da última vez: a carta não é o signo da *nãotoda*.

A in-fixão da poesia

A mulher *nãotoda* não está em afinidade a não ser com a infinitude, eu poderia dizer com neologismo polêmico, com a in-fixão, a ser escrita mesmo com *ph*, a in-phicção. O que é, então, que pode evocá-la na linguagem? Pois bem, em primeiro lugar, e Lacan o disse, a estrutura da verdade. "Eu, a verdade, falo", Lacan partiu daí. Eu falo na estrutura da linguagem e eu sou articulado. Tão articulado que isso vai diretamente ao impasse da cadeia da verdade, sempre semi-dita. Isso não é apenas para as mulheres, mas para todo falante: na cadeia da verdade, o objeto é certamente evocado, mas não menos para aí fixar este objeto *a*, que... foge, como de um tonel perfurado. A verdade tem estrutura de ficção, ela narra histórias, mas ela é rebelde à "fixão" com um x. Dito de outro modo, ela é *nãotoda*, nada de Um maiúsculo de nenhuma verdade subjetiva, na falta de uma exceção que para seu texto faria Outro do Outro, "S($\bar{A}$) é a impossibilidade de dizer toda a verdade"[1], em particular a verdade do gozo. No Outro, lugar de todos os significantes, o *nãotodo* é a parte do "não sabe do todo"[2] S(Ⱥ), um furo, portanto. Podemos tampar esse furo com um objeto *a* fixado na fantasia ou limitá-lo com uma letra de gozo sintoma, mas o gozo outro, que está além do falo e não causado por um objeto *a*, faz furo aí. Conclusão, só há uma maneira de poder escrever o A da mulher sem barrá-lo, "é no nível em que a mulher é a verdade. E é por isso que só podemos semi-dizê-la"[3]. A metade que se pode dizer dela é o que o inconsciente sabe dela, isto é, o que depende de seus significantes, ou seja, sua inscrição na função fálica, necessária, que não cessa de se escrever desde que ela fala. A Rainha do conto marcada pela carta era essa metade. Donde a questão de seu inconsciente enquanto *nãotoda*, pois, para o que escapa da função fálica, "o Outro com o qual ela tem a ver, o grande Outro, faz com que ela não saiba nada"[4]. E ele acrescenta, porque ele mesmo não sabe nada. Posso traduzir: nada de carta da *nãotoda*. Então, pergunta Lacan, de seu inconsciente, que dizer a ela? Entendam seu inconsciente a ela, não enquanto mãe toda, mas enquanto *nãotoda*. Vou voltar a isso.

Antes me detenho no tema da poesia que canta a mulher, tento produzir algumas epifanias. Emprego esse termo intencionalmente. Joyce o popularizou de algum modo. Acredito ter mostrado que essas epifanias não são o que se diz delas, quando se usa para demonstrar, saudações a

---

[1] LACAN, J. (1972-1973) *O seminário, livro 20: Mais, ainda*. Rio de Janeiro: Jorge Zahar Editor, 1985, p. 128, aula de 20 de março de 1973.
[2] *Ibid.*, p. 133, aula de 20 de março de 1973.
[3] *Ibid.*, p.141, aula de 10 de abril de 1973.
[4] *Ibid.*, p.134, aula de 20 de março de 1973.

Lacan, a foraclusão da metáfora paterna. Joyce designa aí, em todo caso, um acontecimento. É próprio da arte em geral produzir acontecimento, é por isso que se fala de criação, *ex nihilo*, é acontecimento por e na linguagem. É a própria operação da poesia, de fato, fazer aparecer isso que a moeda usada da linguagem fazia barragem, e é por isso que Lacan faz "o dizer menos besta", que faz o "salto do sentido", mas deixando um sentido "em branco", retomo aí toda uma série de expressões de Lacan, sim, justamente a do senso comum. Então, o que é que a poesia pode evocar de A mulher, barrada? Nada de preciso, em minha opinião, porque toda precisão a elimina. A única afinidade entre a poesia e a *nãotoda* é a infinitude das ressonâncias do texto poético, permitidas pela equivocidade sem limites de *alíngua* e que estão em afinidade, nada mais, com a infinitude do *nãotodo*. Sobre esse ponto, a poesia contrasta com a visada do conceito que, ao contrário, busca não a evocação pelas ressonâncias jamais delimitadas, mas a tomada sobre um real, o que é uma outra coisa. Não é que a poesia possa dizer A mulher mais que um outro texto, mas o furo no Outro, ou seja, o que não passa ao significante, ao formulável e, logo, ao fálico, a poesia o evoca, poderia quase dizer, convoca a diz-mensão, pelas ressonâncias dos significantes e de suas combinações infinitas e imprevisíveis. Evocar essa infinitude é, no fundo, o contrário de fazer passar ao saber, tornando tudo presente. Essa ressonância se deve ao fato de que o "cristal" linguístico, como dizia Lacan em uma época, não tem um número finito de facetas que, pelo artifício de um discurso, de uma *fixão* que limita, o falicizaria. É a infinitude de *alíngua*. A poesia em jogo. Ela que, a despeito de nossos exercícios escolares, resiste bastante a toda explicitação exaustiva para que se possa dizer que ela jamais passa ao conceito. Que às vezes as mulheres aí se exerçam com sucesso poderia, portanto, não surpreender. Eu me lembro de que, quando estava em classe preparatória, tínhamos um bom professor de francês que engajava toda classe na explicação do texto poético do programa, de du Bellay a Marivaux e muitos outros. E sem ter calculado e apesar de mim, e sem saber por quê, quando se pensava ter chegado ao fim, a cada vez, eu me dedicava a levantar as mãos para mostrar que nem tudo havia sido compreendido. Exaustão impossível da poesia. De súbito, me lembrando de um verso de Éluard, "nós dois de mãos dadas", senso comum, e de seu "duro desejo de durar", eu compreendo a gentil ironia de Lacan a esse respeito em "Radiofonia"[5] e por que ele prefere, no fim, Cheng e as ressonâncias supermultiplicadas da poesia chinesa. Concluo, portanto: a radicalmente Diferente é também aquela que não pode ser dita, que só pode se evocar, e como incompreensível.

O inconsciente próprio dela

Volto, portanto, ao inconsciente próprio dela, enquanto *nãotoda*, o que dizer dele, pergunta Lacan em "O aturdito" e acrescenta: que dizer dele "senão sustentando com Freud que ele não é a sua parte boa?"[6] O que permitiria em Freud uma tal afirmação? Não é certamente a fórmula pela qual Freud declara um custo, "que quer a mulher?", que justamente diz que do inconsciente, do continente negro, não se sabe nada. Mas, considerando que em Freud o inconsciente é o que fixa

---

[5]LACAN, J. (1970) Radiofonia. In: LACAN, J. *Outros escritos*. Rio de Janeiro: Jorge Zahar Ed., 2003, p. 434.
[6]LACAN, J. (1972-1973) *O seminário, livro 20: Mais, ainda*. Rio de Janeiro: Jorge Zahar Editor, 1985, p. 134, aula de 20 de março de 1973.
Nota da editora: no original está "sinon à tenir avec Freud qu'il ne lui fait pas la partie belle". Na citação em português, retirada da versão oficial do seminário, perde-se o "elle".

as posições libidinais, ou seja, as visadas de gozo, eu vejo um desenvolvimento em que Freud deixa entender, sem formular explicitamente, que seu inconsciente não é a sua parte boa, e é aquele consagrado à mulher de trinta anos em que ele afirma que nessa idade, para uma mulher, contrariamente para um homem, nenhuma evolução libidinal é mais possível e que é portanto um ser terminado no sentido de acabado. Entende-se os duplos sentidos desses termos, terminado e acabado. Consagrei a isso um capítulo de meu livro *O que Lacan dizia das mulheres*, para sublinhar o contraste com o romance de Balzac *A mulher de trinta anos*, que faz a tese de Freud aparecer em seu momento mais reacionário. Mas, de fato, Freud não falava do outro gozo, ele falava do único inconsciente que ele conhecia, aquele que fixa a posição do sujeito em relação ao falo. É por isso que supus que esse não era sem ligação com a situação das mulheres no discurso do mestre de seu tempo. O discurso atual as liberou em grande parte desse jugo, abre-lhes e deixa o campo livre para todas as realizações fálicas no campo social e parece abrir o tempo das mudanças tanto para elas como para os homens. Apenas o campo fechado do desejo se distingue disso. Então, perguntemo-nos o que, no campo fechado, em um falante, com seu inconsciente falasser, portanto linguagem, é suscetível de evolução, ou seja, de mudança. Tudo o que depende da dialética do desejo do sujeito, ele mesmo certamente ligado à cadeia da fala. A fala tem por significado o desejo e, ao elaborar a fala, inflete-se o desejo. Conta-se muito aliás, e com justa razão, com a psicanálise para introduzir alguma metamorfose definitiva até esperar gerar o novo desejo do analista. Quais são os limites dessa plasticidade que podemos reconhecer? Já indiquei em nossos encontros precedentes: as "marcas" das experiências primárias de gozo corporal, indeléveis, fixantes para sempre, origens dos significantes do inconsciente, e que não têm nada a ver com o sujeito propriamente dito, Lacan indica. Trata-se de *fixões*, com um *x*, *fixão*-sintoma que não concerne especificamente à mulher *nãotoda*, mas aos corpos sintomáticos. Eles são próprios a cada um, mas cada um pode fazer um uso deles a serviço de seu desejo, de suas visadas fálicas, o que Lacan nomeou escabelo. É assim que o futuro se abre ainda ao homem de quarenta anos, segundo Freud. O que se faz das epifanias do outro gozo que não se inscrevem em traços unários, o que motiva Lacan a dizer que o Outro não sabe nada, e elas também, por falta de inscrição? Esta é a questão.

Então, qual é a posição de Lacan? Ele formula acerca do inconsciente próprio dela: "se não for dizer como Freud que ele não é a sua parte boa...". Este "se não for" é uma maneira de dizer que ele não diz não, de preferência, sim, mas um sim não muito decidido. É isso que *Mais, ainda* aponta: "não é senão de lá onde ela é toda que ela tem um inconsciente"[7]. Portanto, o que "se entrincheira" do todo fálico não passa ao inconsciente-linguagem. Então, como não ver que esse inconsciente redobra o que ele disse primeiramente sobre a menina, a saber, que o dano produzido pelo dizer *a priori*, que a priva do falo, é pior para ela que para o menino? Ela podia certamente tratar essa privação na relação com um homem, seu amor e seu desejo tendo um efeito de falicização, mas ao preço da precariedade, posto que não há amor ou desejo seguros e que é uma solução, portanto, à mercê dos acidentes do encontro. Assim, podemos dizer que, enquanto inscrita no registro fálico do inconsciente, ela não está num modo muito favorável para si.

---

[7]LACAN, J. (1972-1973) *O seminário, livro 20: Mais, ainda*. Rio de Janeiro: Jorge Zahar Editor, 1985, p. 133, aula de 20 de março de 1973.

HOMENS, MULHERES

Daí se esclarece, sem dúvida, a linda página de "Televisão" consagrada a uma releitura da mascarada feminina, que, dessa vez, leva em conta, além do desejo, o registro do gozo sexual. Lacan formula que "não há limites às concessões que uma mulher está prestes a fazer por seu homem, de seu corpo, de seus bens". E acrescenta, todavia: "não podendo mais por suas fantasias, pelas quais é menos fácil de responder"[8]. A mascarada não é mentira, mas estratégia do assujeitado, tentativa de se ajustar à fantasia do homem para coincidir com seu objeto, e até mesmo o sacrifício daquilo que requerem suas próprias fantasias. Uma forma de concessão, portanto, mas não especialmente oblativa, porque visa uma falicização reparadora do "dano *a priori*". E quando ele diz que são elas mesmas que possuem os homens, pois bem, é para se assegurar justamente do que não está assegurado. Sobre este ponto, vou recomendar o filme de Paul Thomas Anderson, *Phantom Thread,* que deveria se traduzir "a marca do fantasma", se acredito nos dicionários, e não "o fio do fantasma", que não quer dizer nada, mesmo se estamos na costura. No que concerne a medir até onde uma mulher pode ir, é magistral. Eis aí a tese, se não me engano: o inconsciente próprio dela, na medida em que ela inscreve apenas a relação ao falo, não é a sua parte boa, porque faz dela um ser, em primeiro lugar, minorado, ela não tem; e em seguida, assujeitado, ela só o encontra pelo outro. Não há simetria com o homem nesse ponto, porque para o homem certamente ele pode estar em falta com seu objeto de amor, de desejo e de gozo e sofrer, mas isso não toca em sua inscrição identitária no "para todo" homem, se ele aí está inscrito.

---

[8]LACAN, J. (1973) Televisão. In: LACAN, J. *Outros escritos.* Rio de Janeiro: Jorge Zahar Ed., 2003, p.538.

Ao contrário, uma mulher em falta desse objeto deixa de ser instituída falicamente como uma "mulher-sintoma". Freud igualmente formulou em "Inibição, sintoma, angústia" que perder seu homem é a forma que toma para ela a castração e a angústia que ela gera. Não surpreende se encontramos nas mulheres, na ocasião, as estratégias clássicas de todos os assujeitados, na primeira linha das quais, a astúcia. Eu escutava uma emissão em que uma jovem mulher, de um país em que elas são violadas e dominadas política e socialmente, explicava com muita graça que não precisava se enganar: que elas não tinham certamente nenhum poder político e social, mas que tinham aquele bem verdadeiro da fala, da persuasão íntima que obtinha sem comandar. E eis aí o que nos explicam do verdadeiro poder não violento das mulheres: saber dobrar o outro a seus pontos de vista.

Quais são os recursos possíveis contra esse destino, segundo a estrutura? Uma mulher pode certamente se afirmar desafiando o homem, no falicismo que sustenta as atividades humanas fora do "campo fechado" da sexualidade, e é a exigência da paridade dos direitos, bem legítima no discurso atual, mas isso não resolve em nada a questão de sua identidade sexuada. Esta, foracluída do falicismo socializante, bem poderia fazer retorno no real. Poderia ser uma chave de leitura das palavras que se trocam em torno do "denuncie seu porco" e das campanhas contra os abusos, infelizmente amiúde reais, desencadeada em nossa atualidade. Essa campanha avança sobre uma reivindicação de respeito socialmente justo, é mais que uma reivindicação, uma garantia de ser igual, e é verdade, aliás. Mas, no nível da relação sexual, a problemática não é a mesma, e me parece que, ao proferir "eu sou igual a você", as mulheres recebem, fora do pensar correto, é claro, uma resposta imediata, pá-pum. A fórmula da resposta que chega ao *sou igual a você em matéria de sexo* só pode ser grosseira, do gênero "não se eu te pegar de jeito, vadia". Coloco aí tanto o gesto quanto o propósito do abuso. Duvido que o apelo à legislação resolva esse problema, pelo menos na medida em que as evoluções do discurso não erradicarem a dimensão do sexo — se isso acontecer um dia.

Resta então que um sujeito que "se propõe ser dito mulher" não pode se reivindicar como igual em falicismo sexual, mas ao contrário, como a diferente. Em "O aturdito", Lacan faz falar a *nãotoda*, é um enigma diferente do da Esfinge de Édipo, cuja resposta era o homem; no caso da *nãotoda*, é a diferente. Essa é a diz-mensão que Freud não chegou a formular e que é a contribuição própria de Lacan. Lembro que isso não lhe veio de sua intuição, mas de sua compreensão da lógica da linguagem, ou ainda, de suas duas lógicas quânticas possíveis. Questão então: essa diferença a subtrai a seu assujeitamento sexual ao homem falicizado? Eu disse a mulher excluída por definição de estrutura, mas uma mulher, em sua diferença, "se entrincheira" do fálico, o que é bem diferente. Utilizo aqui uma expressão de Lacan: uma mulher é o que se entrincheira da ilhota fálica. A exclusão é de estrutura, pois o fálico não inscreve a diferença, a heterogeneidade dos gozos, mas o termo entrincheiramento implica outra coisa, uma escolha, portanto. Até onde ele é desassujeitador? É uma questão.

A relação ao S($\mathbb{A}$)

Dirijo-me à relação com o S($\mathbb{A}$) que se acrescenta para a mulher à sua relação com o homem e com o falo. Eu disse que podíamos lê-la como uma visada do gozo outro que falta no Outro da linguagem e que o faz inconsistente, porque desde 1958 Lacan lhe emprestava o desejo de gozar "desafiando o homem", desafiando seu desejo, mas de um gozo especial "envelopado em sua própria contiguidade", dito de outra maneira, subtraído ao corte significante, portanto já um "outro gozo".

Resumo os diversos modos de qualificar esse gozo outro. Disse que a expressão é apenas negativa, ela é outra que aquela regulada pela *materialidade*, a saber, a fálica, mas ela lhe é suplementar. Esta é uma primeira precisão: uma não acontece sem a outra. E depois, Lacan acrescenta no *Mais, ainda* que, contrariamente ao homem, para A mulher, não é o objeto *a* que se substitui ao parceiro; ele é categórico: quando se trata deste objeto *a* estamos no campo fálico, mas, no caso da diferente, há o "desejo do bem ao segundo grau, um bem que não é causado por um objeto *a*"[9]. O termo bem pode surpreender aqui aqueles que se lembram da oposição que Lacan estabeleceu entre a ética dos bens e a ética do desejo, mas no seminário *Mais, ainda*, de onde essas últimas proposições provém e onde ele retorna com abundância a Aristóteles, ele faz equivaler o bem desses antigos ao próprio gozo. Então, com um bem ao segundo grau, trata-se de um "gozo que em vista de tudo que serve na função Φx é da ordem do infinito"[10]. Aí está, portanto, ainda uma precisão. Assim, o gozo de A mulher tem a ver com a infinitude, sinônimo de inconsistência lógica; ele refere a uma lógica que implica que a exceção fundadora de um todo não pode se afirmar aí como ele o faz do outro lado.

Lacan, entretanto, não se detém no comentário em relação ao S(A). Ele não é apenas uma visada do gozo outro, ele

---

[9]LACAN, J. (1972-1973) *O seminário, livro 20: Mais, ainda*. Rio de Janeiro: Jorge Zahar Editor, 1985, p. 104, aula de 20 de fevereiro de 1973.
[10]*Ibid.*, p. 140, aula de 10 de abril de 1973.

indica o parceiro, tal como o objeto indica o do *ahomenosum*.
Cito Lacan no *Mais, ainda*:

> O Outro não é simplesmente esse lugar onde a verdade balbucia. Ele merece representar aquilo com que a mulher fundamentalmente tem relação. [Sublinhamos o fundamentalmente] Só temos testemunhos esporádicos disto [...]. Por ser, na relação sexual, em relação a tudo que se pode dizer do inconsciente, radicalmente o Outro, a mulher é aquilo que tem relação com esse Outro.[11]

Dois Outros maiúsculos são convocados nessa frase. O Outro em que a verdade balbucia é o lugar da linguagem, onde se depositam todos os ditos em busca de garantia de verdade. Mas, na falta dessa garantia que daria o Outro do Outro se ele existisse, esse lugar mesmo só pode restar sempre Outro, pois tudo que se dirá do Outro virá se depositar nesse Outro sem resolver a hiância da verdade, S(Ⱥ) e assim o "lugar onde vem se inscrever tudo que se pode articular é, em seu fundamento, radicalmente o Outro"[12]. Heteridade do próprio lugar.

E depois, há o Outro do sexo, Ⱥ mulher, com esse gozo "do qual talvez ela mesma não saiba nada, senão que o experimenta — isso ela sabe"[13]. Duas heteridades, portanto. Eis aí o que coloca a questão crucial do saber desse gozo, pois saber que se prova não prova que há no Outro o lugar, um saber que responde a isso. Ⱥ mulher barrada não sabe nada, no sentido de que o inconsciente sabe do gozo fálico, onde

---

[11] *Ibid.*, p. 108-109, aula de 13 de março de 1973.
[12] *Ibid.*, p. 109, aula de 13 de março de 1973.
[13] *Ibid.*, p. 100, aula de 20 de fevereiro de 1973.

as palavras do inconsciente respondem ao gozo fálico; mas para o gozo outro, o Outro sabe? Não surpreende que Lacan indique que o verdadeiro problema desse seminário *Mais, ainda* é o do saber. O que é o saber? É uma questão sobre o saber do inconsciente. Eu retomo: a mulher, que por ser barrada tal como o lugar da linguagem o é, se refere a esse Outro. Se refere quer dizer faz dele seu parceiro, como mostram os místicos.

Sob que forma o Outro que é a *nãotoda* tem relação com o Outro, o lugar? Mais resumidamente: como se referir a esse lugar que não é nenhum outro que o lugar do que se nomeia Deus? Sabemos que é desse lugar que é esperada a resposta a todas as questões sobre o enigma do desejo. A invocação desse Outro que é Deus coloca a questão de sua resposta possível. É porque o Outro é prioritariamente colocado por Lacan como sujeito suposto saber, o que Blaise Pascal chamava antes dele de o deus dos filósofos. Mas, se ele não responde, se ele se mostra barrado, ele faz surgir o "che vuoi?", a questão de seu desejo, assim como a de seu gozo. Compreende-se, por esse fato, a função esperada de Deus, o pai, "Pai Nosso que estais nos céus", como diz o catecismo, aquele que se roga, que se invoca e que responde, crê-se, pela voz de seus profetas, e do qual é suposto que o dizer faça lei para a criatura. Dito de outra maneira: no dogma, espera-se de Deus o pai que resolva a heteridade do Outro como lugar, se lhe demanda, portanto, tapar a hiância. Crença solidária de uma recusa de saber. Mas, evidentemente, esse deus da fala não escapa ao impasse do dizer da verdade, sempre semi-dita, donde as dúvidas inevitáveis que assaltam os crentes e com as quais eles nos entretêm de bom grado. Pode-se interrogar, aliás, nesse ponto da relação com Deus, o pai, sobre a diferença entre o catolicismo e o protestantismo. Este último, no fundo, suprime o corpo instituído, intermediário, que é a Igreja, esse guia para pensar dos católicos que é a santa Igreja romana, e não coloca entre Deus e o crente senão as escrituras das quais se supõe recolher a palavra de Deus e que se trata de ler diariamente. Isso dá resultados concretos muito precisos. No catolicismo, a consistência do dogma puncionado pela Igreja, as heresias e sua condenação; no protestantismo, a multiplicação das leituras da fala ao sabor das iluminações individuais, os evangelistas, os pentecostais etc., não os conheço todos. E quase não há heresia. Igualmente, ainda, na tradição da escritura dos judeus, exceto se tocarmos na essência de Deus, como prova Espinoza. Deixo meu parêntese. Volto ao deus da fala, que é um deus barrado, como é a própria fala, pois enquanto articulada ela não é jamais senão semi-dita, e por isso surge a coisa indizível. Deus barrado é também "o deus obscuro", evocado no final do *Seminário 11*, tão obscuro quanto o "continente negro" de Freud. É a mesma metáfora, é o deus que, apesar de todas as falas das escrituras, não se pode saber o que ele quer; dito de outro modo: o que ele goza, a coisa indizível.

É com ele que uma mulher, segundo o *Mais, ainda*, tem relação para além de toda a sua relação com um homem. Uma metade dos seres falantes aí se refere e Lacan se surpreende. Esse "A barrado não se pode dizer [...]. Nada se pode dizer da mulher. Ela tem relação com o S(Ⱥ) e é nisso que ela se duplica"[14]. Duplicação: o termo implica que a *nãotoda* tem igualmente relação ao falo. Duplicação, implica a solidariedade dos dois, não é uma relação ao S(Ⱥ) que funciona sozinha, Lacan os conjuga. Ele emprega esse termo em "O aturdito",

[14]*Ibid.*

ela conjuga seu próprio gozo "ao que faz t'homem"[15]. Acentuei a distinção das duas diz-mensões, precisamente em razão da confusão que circula e que faz atribuir à mulher o que retorna ao fálico, e sobretudo à letra. Mas na relação ao homem elas se conjugam. S($\mathbb{A}$) é "esse termo do qual ela goza mais além de todo esse *jogar* que constitui sua relação ao homem e que eu chamo de Outro, significando-o por um A maiúsculo". Seu *jogar* com o homem é o que se chama também a mascarada, é o grande A barrado o que faz com que ela não esteja toda ocupada do homem, e mesmo não do todo, segundo Lacan. Lá onde para o homem é *a* que se substitui ao parceiro, para a mulher é o Outro enquanto barrado; a prova desta vez dada pelos místicos, e a questão é saber "se esse termo, ele, sabe alguma coisa"[16].

DISCUSSÃO

Marjolaine Hatzfeld: Espinoza excomungado pela comunidade judaica. O que você queria dizer trazendo essa comparação entre catolicismo e protestantismo? Você visava o quê?

Leibniz, que era protestante, responde a Bossuet, que diz é inconsistente seu protestantismo posto que há um monte de heresias: "Me agrada, senhor, ter igrejas múltiplas e mutantes". Ele o reivindica.

Colette Soler: Eu acabava de desenvolver um uso de Deus, o pai como saturando a hiância do Outro. A fala divina, fixada em dogma, tapa o não todo da verdade e,

---

[15]LACAN, J. (1972) O aturdito. In: LACAN, J. *Outros escritos*. Rio de Janeiro: Jorge Zahar Ed., 2003, p. 460.
[16]LACAN, J. (1972-1973) *O seminário, livro 20: Mais, ainda*. Rio de Janeiro: Jorge Zahar Editor, 1985, p. 119, aula de 13 de março de 1973.

de súbito, se obtém a saturação da heteridade do Outro. Enquanto, se lemos as escrituras que desdobram a fala, a fala não toda, estamos diretamente confrontados com a hiância da fala. Há, no fundo, no uso, um uso de Deus, o Pai como que saturando a hiância do Outro. É isso o dogma. Ali onde as escrituras liberam a fala transmitida — enfim, a fala inventada, é preciso dizer claramente, jamais tendo nós ouvido Deus falar diretamente —, a fala inventada pelos profetas cai sob o não todo da fala, da verdade, e assim ela convoca — como toda fala da verdade, o que chamo a coisa indizível — o deus obscuro. No protestantismo, dado que os crentes estão diretamente em ligação com Deus pelos textos — não é absolutamente a exegese judaica —, isso abre a porta às leituras múltiplas e, como em toda parte, nos confrontamos com a inconsistência da verdade. Quando Leibniz responde a Bossuet, ele tem absolutamente razão, falamos de religião, mas isso é também o problema do Um e do múltiplo no Campo lacaniano. É a mesma coisa, os mesmos fundamentos lógicos que estão em questão. Eis aí porque eu evoquei as diferenças católico-protestante.

Cathy Barnier: Quando Lacan fala da verdadeira religião, ele fala do catolicismo. Será que poderíamos entender como que saturando a verdade?

C. S.: Ele evoca a romana. É uma grande questão. Alguns, para explicar essa expressão, evocam a trindade, a religião do três, a lógica do três... Eu penso que é a verdadeira religião porque é a religião do verdadeiro, solidária da fala, ele o diz, aliás, e é isto o que se pode dizer de pior dela. Acreditamos que ele faz um elogio, mas isso quer dizer que esta não é aquela do real. Com esse ponto que religião do verdadeiro é a religião da fala, que veicula a verdade, o que fazem os evangelhos, mas com esta característica que a religião romana tenta saturar a verdade. O dogma é a verdade nãotoda tornada verdade garantida. A verdade não toda em um dogma torna-se o verdadeiro.

É muito diferente do que Lacan sublinha da tradição da qual vem Freud. Freud vem de uma tradição que não é aquela do verdadeiro, mas da escritura, da exegese, da leitura dos textos palavra a palavra, letra a letra, que busca tirar um outro dizer do texto, que não segue a mensagem do texto, que busca de algum modo extrair a partir dessas letras um outro texto anagramático. A tradição da escritura não é a tradição do verdadeiro e, quando Lacan diz "é o que se pode dizer de pior dela", é também que não é a tradição da escritura.

Cathy Barnier: Não podemos saber o que ele/ela quer. A partir do momento em que se diz "o que ele/ela quer", na medida em que está fora do significante, será que se pode falar de querer?

C. S.: Sim. A Coisa quer, mas ela é indizível, desde a Ética, Lacan o coloca. O que ele chama a Coisa é o furo no simbólico, ali onde não há significante, é o que ele escreve S(Ⱥ). Há muitas expressões de Lacan que se superpõem. No fim ele não fala quase mais da Coisa. Lá, eu disse: a Coisa indizível, isso quer, mas isso não pode dizer o que isso quer, o impossível de dizer.

Sophie Henry: Em relação à mascarada concessão, que é uma falicização reparadora do dano a priori. A concessão é uma escolha? E eu não compreendo bem o a priori.

C. S.: Sim, quando se concede alguma coisa a alguém, tem-se sempre a possibilidade de não conceder. Portanto, uma concessão é sempre uma escolha.

Sophie Henry: Ela tem um caráter obrigatório, entretanto?

C. S.: Uma concessão obrigatória se chama assujeitamento. Uma mulher pode absolutamente recusar a concessão, mas então ela não entra em dupla com o homem em questão. Não há obrigação de estar em casal, em nosso mundo isso é assim. Exceto a pressão da doxa do discurso comum. Quando Lacan diz "não há concessão...", é para seu homem que ela quer guardá-lo. É por isso que Lacan diz que não é necessário se enganar: ao mesmo tempo, é ela quem o possui. Há muito frequentemente nos homens o sentimento de ser possuído.

Sobre o *a priori*, o falo é atribuído *a priori* antes de qualquer escolha possível, ele é atribuído pelo dizer dos pais, é isso o que eu chamo o *a priori*, para resumir. Não há meio de cortar, na medida em que se está em um meio em que ao nascimento se diz, é um menino, uma menina, há um *a priori* do dizer que o sujeito não escolhe e que é uma pré-identidade sexual antes que o pequenino tenha tido a menor inclinação. Não há escolha. Alguma coisa se impõe como estrutural a todos, exceto se esse dizer evolui, se o discurso evolui a ponto de, como na Alemanha, não se escrever mais menino ou menina. Mas, mesmo se se escreve neutro, é o peso de um dizer que lhes precedeu. Aí também se está pré-orientado, pode-se ir no sentido do dizer ou contra...

Marjolaine Hatzfeld: Um dos pontos difíceis de compreender em Lacan é essa ideia do lugar do Outro que se pensa como lugar da linguagem, objetivado etc., e o giro que é tomado quando se supõe o desejo nesta linguagem enquanto tal. Há um furo na linguagem, e deste furo há o desejo que sai, isso é difícil de encaixar. Que a linguagem seja incompleta, isso também, mas dessa incompletude da linguagem sairia um desejo, gozo, essa coisa subjetivada, não é evidente agarrá-la.

C. S.: Para agarrá-la, é necessário ter claro em mente que a fala é primeira. "Função e campo da fala e da linguagem", o próprio título é construído assim. E na experiência dos sujeitos, a fala é primeira e é a fala do Outro. O que Lacan faz dessa fala do Outro? Ele se esforçou durante 10 anos por nos mostrar que essa fala do Outro, da qual todo mundo tem a experiência e que ninguém duvida que ela carrega desejo, gozo etc., ela é estruturada pela linguagem, pelo outro como lugar do significante.

No ensino de Lacan, o movimento vai, em primeiro lugar, demonstrar o lugar da linguagem, que não é absolutamente evidente para o senso comum. Conhecemos comunicação, interlocução etc. A linguística passou por aí. A linguagem não secreta desejo e gozo, ela ordena os desejos e gozos que a fala veicula, com sua presença que pesa sobre o pequeno desde o começo. E, no trabalho analítico, percebemos que essa fala é estruturada pela linguagem, o que permite uma abordagem a partir dos significantes e do deciframento. Não é necessário partir da linguagem pura como lugar, isso é uma construção; é necessário partir da fala, e ele persiste nisso na "Conferência de Genebra", quando fala sobre como a língua chega à criança.

DOZE

30 de maio de 2018

Continuo com a tese a respeito da *nãotoda*: isso de que ela goza mais além de sua relação ao homem não é o objeto *a*, mas esse termo se escreve S($̸A$). Testemunhos, os místicos. O que há de precioso justamente neles é que sua relação ao seu deus não passa pelo homem, exclui a cópula, embora o corpo aí seja também convocado, e seus textos parecem assim isolar, de algum modo, a pura relação ao S($̸A$). Mas Lacan faz apelo às "jaculações" da mística, que são outra coisa que os fenômenos de corpos especulares das chamadas extáticas e que as têm feito passar, com frequência, por bruxas. *Jaculação*, termo pouco usual hoje. O Littré indica um primeiro uso: uma fonte jaculatória é uma fonte que faz jorrar muito alto sua água sob efeito de uma pressão, e na Antiguidade a jaculação indicava na equitação ou na luta o envio de um jato, dardo ou outro. No registro religioso em que se encontram os místicos, uma jaculação é definida por "uma oração curta e fervorosa", que se lança, então, para Deus. Dito de outro modo, uma invocação do Outro divino, lugar suposto de todos os saberes, invocação suscitada justamente por esse seu gozo. Uma invocação que, além das respostas já trazidas pelas palavras das escrituras sagradas, espera ou afirma uma plenitude que faz signo particularizado. É o Outro barrado que é solicitado para dar resposta de uma presença da qual se testemunha.

Mística e psicose

Emprego o termo signo, que é o ponto de afinidade entre os místicos e os psicóticos, para quem todo elemento de realidade pode fazer signo de uma presença que os visa. Não podemos ignorar, aliás, que um sujeito que hoje mantém a linguagem das beguinas passaria imediatamente por psicótico. Lacan evoca essa afinidade entre Schreber e os místicos desde sua "Questão preliminar". É que, para os dois, místicos ou Schreber, o parceiro se nomeia Deus. Ocasião para nos interrogar justamente sobre seu respectivo Deus. Lacan observa: mesma relação exclusiva ao Outro divino; todavia, não mesma "tonalidade subjetiva", é sua expressão, a de Schreber sendo marcada com:

> traços negativos que a fazem afigurar-se mais uma mistura do que uma união do ser com o ser e que, na voracidade que aí se compõe com o asco, na cumplicidade que suporta sua exação, não mostra nada, para chamarmos as coisas por seu nome, da Presença e do Júbilo que iluminam a experiência mística [...].[1]

Presença e *Júbilo* escritos com uma maiúscula. Não é para dizer que os místicos são psicóticos, a diferença dos afetos mantida, se o leio bem, ao que do Outro em questão não é o mesmo nos dois casos. Em 1953, Lacan diz que falta

---

[1]LACAN, J. (1958) De uma Questão preliminar a todo tratamento possível da psicose. LACAN, J. *Escritos*. Rio de Janeiro: Jorge Zahar Ed., 1998, p.582.

na psicose a presença do Traço unário — escrito com uma maiúscula —, significante da heteridade do Outro que se invoca; podemos dizer, resumidamente, que, para os místicos, portanto, Deus é um Nome-do-Pai em sua função de limite. Assim como para as mulheres não místicas, em casal com o homem, e pelas quais passam os limites, há o limite, o limite do fálico. Volto a Deus, mas acrescento ainda outra diferença, que para Schreber não há também o gozo outro. O "empuxo-à-mulher" não é pensado em termos de gozo, mas de identificação; na falta de se identificar ao falo, ele se identifica à mulher que falta aos homens. Com a identificação, não se trata primariamente de gozo, mas da afixação do ser ao significante do discurso pela substituição de significante. E quando ele aceita ser a mulher, no fim está bem claro no texto que sua união delirada de gozo com Deus, que parodia o casal sexual — Deus goza quando ele goza — não o introduz ao outro gozo, pois seu gozo, aquele que ele descreve com cuidado, é ressentido diante do espelho e localizado em seu peito. Longe de marcar a infinitude do gozo outro, ele está fixado à forma narcísica do corpo e aos órgãos sexuais secundários mais visíveis da mulher. É consequentemente um empuxo-à-mulher, mas no nível dos semblantes. Evidentemente, antes de sua reconciliação com seu status de mulher de Deus, Schreber nos descreveu um outro gozo, o da intrusão devastadora dos perseguidores corporais no perímetro de seu corpo, deslocalizados das zonas erógenas e cujas exações o abalam inteiramente; ou ainda aquele em jogo no milagre do uivo, quando Deus se retira dele e que ele se torna, segundo os termos de Lacan, um "texto rasgado", é toda uma outra coisa, não é como o texto *in progress* de Joyce. Faço aqui referência à "Introdução à tradução francesa das Memórias de Schreber", de 1966, texto pelo qual

Lacan completa explicitamente sua "Questão preliminar" acerca da psicose.

Volto à questão de Deus. Duas fórmulas maiores nos detêm: Deus é inconsciente e depois, no *Mais, ainda*, ele tem duas faces das quais uma é suportada pelo gozo outro. Vou me deter um pouco nessa tese de Deus suportado pelo gozo. Aparentemente, é uma coisa diferente do amor de Deus e não é blasfematória. Deus é o termo último, aquele que se supõe responder à invocação da criatura, ao grito da verdade semi-dita, ele está, portanto, na estrutura, no lugar de S_2, quer seja aquele do sujeito suposto saber ou aquele da fala de que falam os profetas, mas que ambos fazem limite à deriva da linguagem. O Deus dos profetas, como diz Blaise Pascal, é Deus o pai, também chamado de o verbo. O verbo é a conjunção do dizer e do poder; falei na ocasião do poder espermático do dizer. Conhecemos "faça-se a luz, e a luz fez-se". Não é sem uma conotação, certamente implícita, de gozo. É o pressuposto de Lacan a partir de 1970, a conjunção do significante e do gozo. "Introdução à tradução francesa das Memórias de Schreber" a aplicava especificamente a Schreber. A lógica do significante preside o destino dos falantes, repito, mas não percamos de vista que os falantes não são seres de pura lógica, mas seres de carne; o real lógico, puramente ligado ao manejo dos símbolos e que se define do impossível de escrever, se duplica de um outro real, o do gozo. Tal é a revelação analítica. Esta traz a lógica, cito, "à sua potência extrema", diz o começo de "O aturdito"[2], e sem ela, sem a psicanálise, as hiâncias da lógica favorecem as ilusões dos *partis pris* do ceticismo.

---

[2] LACAN, J. (1972) O aturdito. In: LACAN, J. *Outros escritos*. Rio de Janeiro: Jorge Zahar Ed., 2003, p. 449.

Ora, esse Outro real que é o gozo se duplica, Deus o pai é implicitamente suportado pelo gozo fálico ligado ao poder das palavras do saber ou da fala; mas, por outro lado, o gozo outro, foracluído do saber, é uma outra face do Outro, de um Outro furado, sua face de enigma radical, A. Com ele, nada de S_2 para dar limite à cadeia da linguagem, mas a infinitude. Esse termo infinitude pode causar mal-entendido; ele não implica a magnitude de um gozo que seria sem freio, imenso, mas apenas o sem limites, tal como a verdade semi--dita e sem conclusão articulável.

Os gozos de Deus

É aí que se coloca o recurso aos místicos. Lacan os convoca como testemunhas de uma estrutura precisa, a saber, a relação da *nãotoda*, A, com o Outro, o lugar do dizer, mas na medida em que ele mesmo, esse lugar, é barrado. Ele chama esses testemunhos de esporádicos. O termo é curioso se pensamos que a literatura mística se estendeu na Europa durante mais de três séculos. Ela começa com as beguinas, no começo do século XIII. A primeira chamada como testemunho por Lacan[3] é Hadewijch d'Anvers, do Brabant, aparentemente a primeira da qual temos os escritos, enquanto São João da Cruz, o segundo nomeado por Lacan, é da segunda metade do século XVI, 1542-1591, e mesmo Santa Teresa D'Ávila, a terceira nomeada, morre em 1582. Ainda é preciso acrescentar Mestre Eckhart (1260-1328), consequentemente contemporâneo das beguinas, e depois também o que precede justamente os místicos na literatura do amor: os trovadores, aos quais as primeiras beguinas e sobretudo Hadewijch tomam emprestado com frequência.

---

[3]LACAN, J. L´étourdit, *Scilicet*, 4, Paris, seuil, 1973, p. 70.

Assim, houve na Europa vários séculos de uma literatura que canta o amor absoluto e pelo menos três séculos que cantam o puro amor de Deus. Para lhes localizar no tempo, Abelardo e Heloísa, com a qual ele passa a um ato muito pouco místico, que lhe valeu sua emasculação, é de um século antes, o século XI, e Margarida de Navarra, pela qual Lacan se interessou, é de 1492-1549, praticamente contemporânea de São João da Cruz e de Santa Teresa.

Essa literatura mística surge evidentemente no quadro do cristianismo ortodoxo e não funciona sem seus textos nem sem a multiplicação de suas ordens religiosas. Creio, portanto, que "esporádico" não deve ser entendido no sentido de tempo histórico; o que é esporádico é a lacuna em relação ao Um dos dogmas bem estabelecidos na ortodoxia religiosa. Eles também falam da abundância do amor *de* Deus, no duplo sentido do "de", que é a própria definição do Deus cristão. Os místicos se apoiam todos nessa ortodoxia, seu *nãotodo* não funciona sem esse discurso prévio. Além disso, todos os místicos tiveram seu confessor e seu apoio na hierarquia pastoral. Observem que é a mesma estrutura que Lacan descreveu no nível do casal sexual homem/mulher, no qual o gozo outro se "conjuga" ao que faz t'homem, ou seja, o fálico. E vê-se, com efeito, que os místicos se dirigem ao Deus pai do cristianismo como as mulheres se dirigem aos homens. Aliás, a própria Antígona não existe sem Creonte, pois sua posição se apoia na ordem que ela desafia. Então, o que é esporádico não é o discurso do amor, pois ele está em toda parte no cristianismo — estamos antes da fratura da reforma —, o que é esporádico é o advento, posso dizer, de uma livre inspiração no amor dito extático que, se emancipando às fórmulas estabelecidas no dogma, encontra suas próprias palavras, suas jaculações inéditas, em suma, que produz seu próprio texto e que, a todo momento, arrisca, portanto — a história o verifica —, o processo de heresia, o pecado de ter saído das vias canônicas da doutrina conjugado àquele de não ter seguido senão a autoridade da convicção íntima. É que, de fato, a certeza mística prescinde de toda mediação entre o sujeito e seu Deus. E vemos a Igreja hesitar ao longo dos séculos entre o esforço para se servir da exemplaridade das vias dos místicos, beatificando-os, e a tentação de condenar seus afastamentos demasiado livres. E foram as perseguições selvagens, a fogueira como consequência. É em 1913, por ocasião do concílio de Viena, que o papa Clemente VI condena as posições atribuídas às beguinas e beguinos do "reino da Alemanha"; é em 1310 que uma delas, chamada Margarida Porete, ainda outra Margarida, acaba na fogueira, sendo atribuído a ela um texto intitulado *O espelho das almas simples*. Há outras, e alguns acham até mesmo que nossa boa Joana D'Arc, queimada por heresia um século antes, em 1431, o teria sido menos pelos seus feitos de armas do que por sua afinidade de juventude com as beguinas, e por isso ela compartilharia com elas sua fé scm falha na autoridade de sua própria convicção íntima.

As beguinas, as extáticas, diz-se, são comunidades religiosas novas, do começo do século XIII, adeptas de uma vida de oração e de boas obras, mas que vivem fora dos claustros, testemunham com frequência uma rejeição do mundo tal como ele anda com a Igreja e exaltam um retorno às formas simples de religião. Elas impressionaram frequentemente por suas manifestações extáticas de caráter sobrenatural que, ao mesmo tempo, fascinaram e assustaram, mas o interesse para nós é que elas escrevem... poesia.

Nesses escritos, é tradicional distinguir duas correntes ou dois grandes acentos da mística: a mística nupcial (*Brautmystik*, em alemão) e a mística da essência (*Wessensmystik*). Se vocês leem Denis de Rougemont, *O amor e o ocidente* (1939), evocado por Lacan, ele chama a primeira de "mística epitalâmica" e a segunda de "mística unitiva". Grosso modo, a primeira coloca o acento sobre as inefáveis experiências vividas de uma União exclusiva, de uma só vez certa e precária com Deus, que Hadewijch chama Amor, aliás, frequentemente com maiúscula. A segunda avança ainda mais no espaço de um dizer sobre Deus que acrescenta, à falta de curto-circuitar as mediações entre a criatura e Deus pela única autoridade da convicção íntima, a de tocar em Deus do catecismo, sendo ele o mais elaborado, que responde à questão "o que é Deus?". Mestre Eckhart se classifica como primeiro místico renano, um dominicano, contemporâneo das beguinas e que foi condenado a esse título em 1312. Lacan lhe deu importância. Desde 1967, em *Engano do sujeito suposto saber*, ele o coloca entre Moisés e Joyce como um pai, não da Igreja, mas do que ele nomeia a dio-logia. Isso faz dele menos um crente do que alguém que trouxe alguma coisa acerca do lugar de Deus na estrutura da linguagem. O sujeito suposto saber é outra coisa: o deus de toda teoria, e mesmo de toda teo-logia, seja ela ateia, é um deus um pouco doente atualmente, segundo Lacan; grosso modo, é o Outro do significante de Lacan. Para o da diologia, Freud marcou o lugar, retomado por Lacan sob o termo do Nome-Do-Pai. Não é uma teologia, o lugar não diz o que ele é. Moisés, as leis da linguagem, Mestre Eckhart e seu deus sem qualidade, isso não é o Outro do Outro; quanto a Joyce, é o poder do dizer.

Dois textos de Hadewijch — *Os poemas espirituais*, mística nupcial muito clara, e os *Novos poemas*, mística mais unitiva, mais conceitual — parecem, porém, que são de dois Hadewijch diferentes. Quando se lê esses textos, eu me reportei aí, só se pode constatar, em primeiro lugar, que eles se colocam em um gênero literário preexistente, como foi em uma outra época o soneto; falei de liberdade de inspiração, mas ela não funciona até inventar um novo gênero literário, como o dadaísmo tentou; não é uma revolução literária, esses místicos aliás reivindicam de preferência serem os verdadeiros cristãos. Vemos assim, o tempo todo, Hadewijch começar todos os seus poemas segundo as leis do gênero que chamou de as Visões, pelas evocações da natureza, das estações, suas plantas e seus pequenos pássaros como metáfora estabelecida da expansão ou da retração da alma. O mais interessante para nós são as palavras da experiência íntima, essas palavras que, por serem sempre muito pungentes, e é o que elas guardam, creio, de sempre atual, não são menos monótonas, reiterativas e referindo a uma divisão da experiência que oscila entre dois polos. De um lado, o êxtase, a alegria, e até a exaltação da União, com uma maiúscula. Muitas maiúsculas nesses textos é o recurso ao exagero ortográfico para marcar a intensidade inefável e incomunicável dos afetos. Portanto, de um lado, união, fusão sem diferença com o Verbo, nomeado Amor por Hadewijch, do outro lado, a aflição da ausência, do exílio nas trevas, a noite obscura, o deserto cruel e selvagem etc. Cito os *leitmotiven*:

> Na angústia do amor
> Saboreia-se muitas mortes

[Sublinho o *saboreia*. Em todo caso, a aniquilação, quer seja na união ou no exílio, é convocada.]

Não resta nada de mim mesmo
Rico antigamente eu sou pobre
Perdi tudo no amor
[...]
eu sou pequeno no presente
eu me tornarei nada[4]

Na escola do "amor orgulhoso", almeja-se a aniquilação em Deus. O abismo é sua palavra mestra.

Compreende-se que é suficiente empurrar só um pouco as consequências dessa experiência singular para chegar à heresia. Percebe-se bem num tal Jan van Ruusbroec, místico reno-flamengo 1293-1381 que escreveu um livro precioso, *O livro das 12 beguinas*. Ele formula que todos os espíritos que amam são uma única fruição e uma única beatitude com Deus, sem diferença. Pois a fruição de Deus e de todos os seus bem-amados é tão integralmente simples que não há nela nem Pai, nem Filho, nem Espírito Santo, segundo a distinção das Pessoas, nem qualquer criatura. É uma fruição sem modo, que é superabundante, e a beatitude é aí de tal modo simples que nenhuma distinção jamais poderia ser introduzida. Essas fórmulas são de maior interesse para nós, pois essa anulação da referência à famosa tese do três em Um nos explica como esses místicos puderam ser acusados de heresia, mas sobretudo, em nossos termos, compreende-se bem o esforço para dizer um gozo, *fruição* é uma outra palavra (resta dela alguma coisa em nossa palavra usufruto), um gozo que não indexa nenhum significante. Suprimir as diferenças, os modos e as pessoas, é suprimir as referências

---

[4]Hadewijch d'Anvers, *Écrits mystique des béguines*. Seuil, Paris, 1954, p.118, 119, 120.

do significante, portanto tentar reunir no Outro o gozo que aí está presente, porém foracluído, como eu me exprimo. É bem a face de Deus, suportada, como diz Lacan, pelo outro gozo. Quando nosso Hadewijch está no topo da fruição em Deus, não há mais significante nem mesmo pessoa; posto que o apaixonado está aniquilado em sua diferença, ela reuniu seu ser divino. Não surpreende então que A mulher, ela própria com seu gozo outro do qual não sabe nada, se preste à confusão com Deus, Lilith, ou com a Dama branca, cara a Robert Graves, e outros mitos pré-paternos, por assim dizer.

Compreendo melhor porque Lacan faz da religião romana a verdadeira religião, e isso não é um elogio para ele. Verdadeira religião porque religião do verdadeiro, que destaca a estrutura do Outro divino, sobre suas duas faces: de um lado, a dos nomes, das palavras, com o Nome-do-Pai; e do outro lado, aquela sem face e sem palavra, do Outro barrado, insondável, onde toda diferença se aniquila.

Porém, por mais místicos que hoje se apresentem, os desviamos em direção à psicose, pois o discurso não sustenta mais esse Outro divino do mesmo modo. Entretanto, seu vocabulário dos afetos alterna nos encontros do amor, não com a aniquilação em Deus, mas com o que se nomeou "a pequena morte", alternando, portanto, entre exaltação do encontro e dor aniquiladora do abandono quando o outro falta; esse vocabulário nos fala ainda e se reencontra aliás em todas as literaturas do amor de nossa civilização. É o sinal de que uma estrutura que não flutua com as contingências da história está aí operando.

A *nãotoda* na civilização

O *nãotodo* na civilização da ciência. A questão não é simples, tão desdobrada no fundo quanto o é a mulher. De um lado, com efeito, é seguro que a dimensão de infinitude não é propícia à civilização. Tudo o que se constrói de laço social se constrói sobre os recursos e limites da linguagem e dos discursos. Eles são causas de divisão, mas não de infinitude. A divisão é a causa dos dinamismos do desejo civilizacional, a infinitude é, de preferência, fator de errância, inclusive desorientação (termo de Lacan) para as mulheres na medida em que não tolas do fálico. Tolo do inconsciente é tolo do significante, o que implica tolo do fálico. A mulher está certamente em parte garantida no fálico, mas não toda tola, ela sabe o semblante dele, é uma das molas da cumplicidade específica entre as mulheres.

Sobre esse eixo, a tese de Freud tão fortemente denunciada poderia ser realimentada. Sua afirmação da inaptidão civilizacional da mulher parece reacionária. Freud a atribui à sua posição de dependência em relação ao falo do homem, à qual seu Édipo se presumia presidir, mas a tese poderia ser ressuportada a partir do *nãotodo*. Lacan não a formulou expressamente, mas é engraçado, para mim, ver o número de suas proposições que a implica — em silêncio, se posso dizer, o que permite não as ler e inclusive lê-las ao contrário. De fato, não se vê como a infinitude do outro gozo — na medida em que seu real comanda o dizer do sujeito —, como esse gozo entrincheirado poderia trabalhar nisso em que ele se entrincheira, digamos, no... supereu civilizacional, que diz sempre "mais um esforço". E Lacan o diz: a *nãotoda* "não se supereu-iza [*surmoite*] tão facilmente quanto a consciência universal"[5]. A consciência universal é a do todo fálico civilizacional, exatamente o que dizia Freud. E quando,

---

[5]LACAN, J. (1972) O aturdito. In: LACAN, J. *Outros escritos*. Rio de Janeiro: Jorge Zahar Ed., 2003, p. 469.

em "O aturdito", Lacan a faz falar, é com Antígona que ele "esfinge (sua) não toda"[6]. Antígona é, portanto, figura do enigma da *nãotoda*, outro enigma, como já disse, que aquele proposto ao Édipo. Mas Antígona não era, segundo Lacan, a heroína trágica subtraída às leis da cidade e a essa ética dos bens que nós denunciamos, às vezes com um tom de desgosto, em nome de uma outra ética, mas que é a ética de todas as civilizações? E quando ele diz, quando o tema da criação feminina ardia na doxa de 68 — "não se vê porque uma mulher deveria ser criativa" —, não seria a mesma música, vinda da própria lógica: haveria contradição ao que a exclui do discurso e aí contribui?

Então, como a *nãotoda* contribuiria com a civilização de seu tempo, se ela consente sua própria exclusão e se entrincheira voluntariamente nisso? É certo nesse ponto que as beguinas nos instruem, essas reclusas voluntárias que, em parte herdeiras da heresia dos bégards, não queriam aparentemente saber nada do mundo, mas cujos textos permanecem testemunho de uma outra relação com o Deus da época.

É o que o real leva à sublimação; mesmo o puro real da lógica e o dizer vêm "de onde o real comanda a verdade". Lacan faz de Cantor o paradigma dessa iniciativa que ultrapassa o impossível por um salto de invenção, mas ele não é o único. Quanto aos encontros com um real, eles têm um efeito de empuxo ao simbólico. A coisa faz palavra, dizia Lacan do começo ao fim, o furo do simbólico cospe nos Nomes-do-Pai. Frase enigmática, mas da qual entendi que encontra sua ilustração com Wedekind. Ele coloca em ficção no seu drama nada menos, no fundo, que a lei da castração para os meninos, com os impasses subjetivos que ela

[6]*Ibid.*

engendra, e todos os dramas que vão até a escolha da morte no jovem Moritz. No fundamento do drama há, portanto, a falta da relação sexual impossível. Pois bem, esse furo se compensa, ou, ainda mais, encontra uma saída no próprio drama, por uma invenção, a desse estranho homem mascarado que arrebata Melchior à morte e que é, portanto, fator de vida possível e cuja ação contrasta grandemente com todos os pais de família evocados na peça, na qual nenhum está para ser salvo, pois todos são cúmplices da besteira e da hipocrisia do discurso do tempo. Nesse homem mascarado, Lacan reconhece um dos Nomes-do-Pai. Os impasses bem cernidos desses jovens garotos teriam, portanto, cuspido um Nome-do-Pai. E esse homem mascarado é para ele ocasião, pela primeira vez desde seu seminário interrompido sobre *Os Nomes-do-Pai*, de voltar sobre o plural dos Nomes-do-Pai. Mas não são os jovens garotos que me ocupam aqui, eu estava na *nãotoda* e no seu outro gozo, o qual falta no Outro do significante. Por que esse real, digo real porque ele faz furo na verdade articulada, não seria um empuxo à invenção sublimatória? Uma sublimação que alimenta e inflete possivelmente as produções da cultura. Prova pelos místicos, que presentificam a outra coisa que é o Outro gozo no discurso, ainda que seja sempre todo fálico, por definição.

Aqui não se pode evitar a questão da *nãotoda*, em análise. No discurso analítico, com o saber inconsciente que se inscreve no lugar da verdade, o gozo não fálico está foracluído, isto é, fora do significante, como em qualquer outro discurso. E Lacan, por insistir dizendo repetidamente que o discurso analítico só produz o Um fálico, coloca assim em seu lugar — é sua expressão — a função proposicional Phi(x) e seu correlato, o gozo que ele chama de idiota, o qual é

HOMENS, MULHERES

válido para todo analisando. Daí até pensar que ele faz da *nãotoda* uma idiota... observem onde as palavras nos levam! Lacan marcou seu gosto por uma formação que inclui todo homem, acrescentado que ela não inclui toda mulher. É no começo de *Ou pior*.

Questão: como a *nãotoda* se manifesta na psicanálise? Questão muito vasta para esta última aula, só retenho dela um ponto, pois ela me trouxe uma ideia sobre esse assunto. Observei a polaridade afetiva do amor místico, batimento entre exaltação e luto, mas esse estilo místico que se chamaria hoje de um pouco maníaco-depressivo, não é o que marca os afetos do fim de análise, segundo Lacan[7]? Exceto que o parceiro dessa fase final não é presumido ser o Outro supremo, o qual é suposto ter caído no momento de passe e ter sido reduzido ao pequeno *a*. A análise não avança como um discurso da sublimação do Outro, o que é a mística, mas como um discurso da separação com o Outro. O que muda tudo, pois, no luto do pequeno *a*, que assinala o fim da análise, segundo Lacan, não se perde tudo, e, longe de se aniquilar ou de ser aniquilado, reencontra-se, se posso dizer, quer seja analisando homem ou mulher. Então, há diferença? Não é por uma sublimação literária diferente que os sexos podem se distinguir na análise, como haviam feito os místicos em relação à fé comum. A associação livre não faz poesia, e o que ela escreve jamais é algo além do ravinamento nos significados que conduz do objeto falta ao mais-de-gozar[8]. Eu giro, portanto, em direção ao que parece comum com os místicos: o amor, aqui de transferência. Ele está ligado à

---

[7] *Ibid.*, p. 489.
[8] LACAN, J. (1979) Posfácio ao *Seminário 11*. In: LACAN, J. *Outros Escritos*. Rio de Janeiro: Jorge Zahar Ed., 2003, p. 265.

associação livre no dispositivo freudiano, e seu fim está programado, inclusive exigido, pelo próprio discurso analítico. Freud fez falar aquelas que Lacan chamou de apaixonadas, mas o amor de transferência quando se diz na associação livre não engendra novas místicas, é um fato. Observo que Freud acreditou ser bom advertir os jovens analistas homens do risco que haveria se eles se tomassem por Deus, ainda que unicamente o deus do sexo. O semi-dizer insistente da verdade articulada faz aparecer a falha do Outro, faz emergir sua parte não dita e, portanto, obscura. Essa barra sobre o Outro que se experimenta na fala analítica só pode inquietar o amor de transferência, não satisfazer sua demanda sobre sua face erotômana e programar, portanto, o encontro faltoso insistente. Sua insistência desespera a exaltante promessa de entrada, e não encontra seu término a não ser pela redução do Outro que invoca o amor ao objeto *a* que separa do Outro e concretamente separa da demanda de amor. É o momento clínico do passe, que não é um momento de queda do analista como se diz, mas uma mudança de sua função, pois no laço analítico a função do grande Outro não é a mesma que a do *a*. Pois bem, talvez essa redução seja mais fácil para o homem, por duas razões: ele está mais separado por sua fantasia do Outro da transferência, digamos do deus da transferência, isso porque ele entra mais dificilmente também. Para ele, com seu fantasma, na relação com o parceiro, é seu cotidiano substituir este objeto *a* pelo parceiro Outro. Creio que isso não está sem relação com o fato de que parece muito que a eternização da transferência é menor nos homens e que, assim, o luto do *a* é mais fácil, pois o objeto *a* — causa do desejo — não deixa de se prestar a substituições próprias a dar limite à infinitude associativa, do mesmo modo que, para

Alcibíades, seu amor por Sócrates é limitado por sua "transferência lateral" a Agatão, como diz Lacan em "A angústia". A isso se acrescenta, em segundo lugar, para o homem, que a letra sintoma que redobra o efeito separador do Outro se inscreve como uma variante do fálico, uma *fixão* do fálico, e não como um índice da *nãotoda*. "A carta roubada" indica bem: a carta não é o signo da *nãotoda*, ela não é mais que o signo de uma mulher enquanto objeto do homem. Por aí, eu explico também, que as mulheres, com sua relação simultaneamente diferente com o objeto *a* e com o sintoma, pois bem, segundo o que se ouve, elas esperam frequentemente do dispositivo do passe enquanto tal, que é um dispositivo fora da análise, um efeito de limite suplementar, que se acrescentaria aos efeitos de separação eventualmente inacabados ou inconclusos da análise.

E hoje?

Uma última palavra sobre o discurso atual. A que respostas ele nos conduz neste ponto? Mas, para dizer a verdade: pode-se falar do discurso atual, o mundo, diz-se, está globalizado pelo capitalismo, mas os discursos, quero dizer, as configurações dos laços sociais sobre o planeta, não estão globalizados e estão em luta, diria até mesmo em luta mortal. Os adventos de gozo deletério, destrutivo, que Freud nomeou pulsão de morte, tomam hoje dimensões de tal modo inéditas, apesar de seus precursores bem brilhantes no último século, que se poderia até mesmo se perguntar se a maldição da não relação sexual que a psicanálise demonstra não se encontra relativizada, de algum modo, superada por uma outra maldição, a do gozo do pior. Será que ela provém da maldição sobre o sexo? Não, todas as duas são efeitos do real — do real da linguagem. Só há dispersos disparatados, dizemos, e amar-se-ia melhor se eles fossem compatíveis em benefício do romance; mas esses dispersos disparatados não demonstrariam, ao contrário, sua capacidade em associar? Pois o que fazem de outro, em todas as conquistas da ciência, por exemplo atômica, nas conquistas coloniais que não estão acabadas, nos nacionalismos vingativos, nas exações sobre a biodiversidade também, em suma, todas as guerras que se liberam geralmente em nome da proteção da vida — mas ao risco sempre do inverso? Nutrir o planeta de preferência a aniquilá-lo pela guerra tornou-se um problema maior. Lacan chamava a psicanálise "pulmão artificial" na civilização da ciência, sim, compensação de um mundo sempre mais irrespirável, com efeito, mas o que pode um pulmão artificial face à pulsão de destruição? A questão do recurso ao amor é, com frequência, colocada, mesmo na psicanálise. Esta tem uma tese sobre o assunto. Lacan a formulou: ela pôs um ponto final na discussão do amor, reduziu seu blá-blá-blá e revelou sua diz-mensão sintoma. De outro modo, o amor é bem uma solução, mas própria a cada um, um modo de fazer com a não relação, de supri-la. A prática analítica tem, portanto, efeitos sobre o amor, no um por um, mas não sem desmistificá-lo; ela fabrica os "des-místicos" ou a-místicos, como quiserem.

Ora, leiamos a imprensa, a literatura de hoje nessas grandes correntes, parece bem que se percebe que em toda parte o pior está em marcha, que essa pulsão é inexorável e se repete: "mas o que faz a comunidade internacional dos pacifistas e das boas vontades bem-intencionadas?" Então, este sardônico movimento em direção ao pior não lança uma pequena crítica, inclusive uma pequena nuance de derrisão sobre os problemas do sexo? A psicanálise mostrou os fundamentos disso, o caráter irredutível porque estrutural,

HOMENS, MULHERES

mas há pior. Esta consciência do pior poderia bem ser um dos elementos próprios para explicar o declínio crescente da psicanálise em proveito não da verdadeira religião, mas das religiões em luta?

DISCUSSÃO

Anaïs Bastide: Você falou da peça de Wedekind, da figura do homem mascarado como sendo um Nome-do-Pai. Este personagem dá uma definição da moral como conjunção do poder e do querer, ele reconduz Melchior pelo lado da vida. Isto me faz pensar no dizer.

Colette Soler: A conjunção do poder e do querer é uma bela definição do fálico.

Anaïs Bastide: A questão da sublimação e das mulheres é difícil. Quando Lacan diz que o gozo outro é sem objeto, eu tenho dificuldade em ver a relação com a sublimação.

C. S.: Fiz uma crítica quando empreguei a palavra sublimação. A sublimação consiste sempre em fazer derivar o gozo, deslocá-lo ao longo da linguagem. Esta é a ambiguidade dos escritos místicos. Elas gozam de Deus ou do que escrevem? De sua fórmula ou de Deus?

Seus ditos são todos os ditos que tentam evocar um amor infinito de fusão aniquiladora. É um modo de dizer um gozo envolvido em sua própria contiguidade, mas é este do qual elas falam. Por outro lado, o ato de escrita é o que porta um dizer.

Há estas duas definições no seminário d'a ética: uma na qual Lacan diz que a sublimação não é nada mais que o deslocamento, e é isso que eu chamo fazer derivar o gozo no significante. E outra definição é: elevar um objeto à dignidade da coisa, um objeto imaginário. É por isso que ele define a arte como sublimação, a arte eleva objetos à dignidade da coisa gozante.

Como tal, será que se diria que é sublimação, as místicas, que inventam um objeto de amor novo chamado Deus? Seja como for, elas haviam produzido uma poesia de amor no seio de um discurso prévio sobre o amor de Deus. Produziram pelo menos um suplemento cultural.

Anaïs Bastide: Cantor é o mesmo princípio ativo?

C. S.: A produção de um suplemento na lógica? Sim, mas não é o mesmo campo.

Patricia Zarowsky: Em Ou pior... *, eu creio que Lacan, falando do gozo outro da nãotoda, fala de discordância mais que de foraclusão. O que diz esse termo?*

C. S.: A discordância não exclui a foraclusão. Discordância supõe um outro termo, por definição. Qual é o outro termo? Ela é discordância em relação ao gozo fálico, não concordante, não complementar.

Um gozo não conectado a um significante é um gozo foracluído. A definição da foraclusão é a presença de alguma coisa que não tem seu respondente significante.

Lacan fala também de uma relação oral foracluída. Isso surpreende, porque estamos habituados a falar unicamente de foraclusão do Nome-do-Pai. Mas, em absoluto, pode haver um gozo oral que não tem seu respondente.

A palavra foraclusão não deve ser parasitada pela foraclusão do Nome-do-Pai.

Marjolaine Hatzfeld: A propósito da fórmula "elevar o objeto à dignidade da coisa": há uma dificuldade com essa coisa. Às vezes temos a impressão de que ela quase se deduz da natureza da linguagem, é quase o significante que a produz. E às vezes é o inverso, o significante é construído em torno de um vazio, quando ele fala da criação ex nihilo, o furo não está dado de antemão, ao mesmo tempo, o significante cria a coisa, ou a coisa é primeira.

C. S.: Não há nenhum texto em que a coisa está dada primeiro. No seminário d'a ética, a coisa "é o real enquanto padece do significante", é o efeito do simbólico sobre o real. O significante representa um sujeito para um outro significante, e este sujeito representado é a coisa gozante, o furo no real do corpo vivo produzido pelo significante, a famosa negativação.

Lucile Cognard: Não há mais mística e, no entanto, seu vocabulário permanece. É uma estrutura que não flutua na história. Será que é porque os místicos se opõem a um discurso do Nome-do-Pai?

C. S.: Se quiser. O Nome-do-Pai, ele próprio, produz tantos mal-entendidos. O que não flutua é que o Outro tem duas faces, a do dizer dos nomes e a outra... Pode-se interrogar tal estrutura em toda parte onde há falantes.